生活勵志
041

不是路已走到盡頭，而是該轉彎了

最貼近人性的心靈作家
何權峰◎著

高寶書版集團

生活勵志 041
不是路已走到盡頭，而是該轉彎了

作　　者：何權峰
編　　輯：余純菁
出 版 者：英屬維京群島商高寶國際有限公司台灣分公司
Global Group Holdings, Ltd.
聯絡地址：台北市內湖區洲子街88號3樓
網　　址：gobooks.com.tw
電　　話：(02) 2799-2788
電　　傳：出版部(02) 2799-0909　行銷部 (02) 2799-3088
郵政劃撥：19394552
戶　　名：英屬維京群島商高寶國際有限公司台灣分公司
初版日期：2010年10月
發　　行：希代多媒體書版股份有限公司 / Printed in Taiwan

國家圖書館出版品預行編目資料

不是路已走到盡頭，而是該轉彎了/何權峰 著
-- 初版. - 臺北市：高寶國際出版，
希代多媒體發行， 2010.10
面； 公分. — (生活勵志 ；HL041)

ISBN 978-986-185-509-7(平裝)
1.修身 2.生活指導

192.1　　99015798

〈自序〉

不是路已走到盡頭，而是該轉彎了

何權峰

你可曾注意過關在屋子裡的蒼蠅？牠會立刻去找尋光亮，因而不斷往窗戶衝，一次又一次地撞擊玻璃，往往可以撞上好幾個鐘頭。可是這樣有用嗎？不，就算碰破頭也沒用，牠需要的是轉個方向。

這個週末因頸椎問題復發，肩臂酸痛不已，只好放棄早晨例行的運動，到書桌前打字，想了又想，也沒寫出幾個字來。整個人彷彿當機似

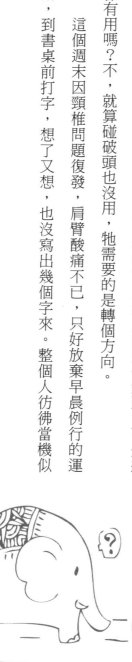

的，就這樣停擺在那裡。你也許會想，我幹嘛不放下心來好好休息，何必如此折磨自己？

然而就像一次又一次撞擊玻璃的蒼蠅，人一旦執迷於某個問題，很容易鑽牛角尖，想不開，就看不到其他的出路。

我當時就是這樣。只是感受到身體的不適，完全無視雨後陽光燦爛的窗外，也無心聆聽音樂柔美的旋律。

直到一通朋友打來的電話。他告訴我，在某處看到一個很特別的柴燒落灰陶，問我是否有興趣去看？我聽了既驚又喜，他怎麼知道我喜歡落灰陶，而且還特別費心注意。不說二話，我決定立刻就去看。我們度過美好的一天，至於疼痛呢？早被拋到九霄雲外了。

這樣的體驗並不新奇。當我們陷在某個困局，常常是生命應該轉彎的地方，它是來引領我們的。

陸游有首詩：「山窮水盡疑無路，柳暗花明又一村。」當你處在山谷，內心陰暗，看到的人事物也都是灰暗的，等你打開整個視野，你就會明白，你就會笑。

當然，這個道理也可以套用在生活中的其他事情上。像人與人的紛爭、情緒的起落、感情的分合、生命的無常……有時你會覺得事實很難改變，但有時只要轉個念頭，馬上就海闊天空。

山窮水盡，其實正是柳暗花明之際；當事情看起來似乎無路可走的時候，新轉機往往乍然顯現。

沒錯，生活中總有挫折、不如意，那不是盡頭，而是提醒你該轉彎了。

要怎麼脫離痛苦？

——當你沒有想任何事的時候，你會生出任何煩惱嗎？

人所經歷的痛苦，無一不是因為執著於負面的想法造成的。

如果現在要你痛苦，你會怎麼做？一定得先想痛苦的事，否則就無法產生痛苦的感受，對嗎？

大家不妨做個小實驗，請你想想你的鼻子，在你想到鼻子之前，你有鼻子嗎？它在哪裡？沒有想到鼻子，鼻子便不存在，即使鼻子就在你眼前。

有思想，才有感覺。若沒有憤怒的想法，就不可能覺得憤怒；若沒有悲傷的想法，就不可能覺得悲傷。依此類推。

有位女生與男友分手，她非常悲傷，每天以淚洗面，向朋友訴說男友多麼負心，情緒一來，甚至鬧自殺。她的這個痛苦經驗是誰創造的？是他男友嗎？不，是她自己的想法。

誰說分手就該悲傷？除非你有一個觀念認為分手是悲慘的，否則它只是一個經驗，這觀念剛好就是使悲傷存在的原因。是誰說悲傷是不好的？在某些情況下，悲傷可以變得很美、很動人，像一些歌劇或悲傷曲調都很美。因此，悲傷情緒不見得就是「壞的」，除非我們如此認為。

沒錯，失戀並不必然痛苦，但如果一個人將「失戀」看作是「失

敗」，當然痛苦。

悲傷只是一種情緒，適當的哀傷是正常的，因為它可以幫我們從傷痛中得到治療。但如果一個人將「悲傷」與「悲慘」混淆了，就會陷入痛苦。

假設我假日自己一個人坐在房裡，也許沒有約會，沒有人打電話，我就只是一個人坐在這裡罷了。但是如果我想的是：我很可憐，大家都丟下我，我很孤單和淒涼。情況會怎麼樣？就會如我所想。

失去是自然的，而苦是我們創造的。所以，當有人問我：「要怎麼脫離痛苦？」

我會告訴他：「你不必找人求助，也沒有任何人能幫你，你是唯一能終止痛苦的那個人。」

很顯然，抱持某個想法前，你沒有痛苦；有了這個想法，你便陷入痛苦裡。這痛苦是怎麼來的？是你自己「想出來」的，不是嗎？

只要你覺得痛苦，就表示你的想法是負面的。從輕微的不舒服，到強烈的悲傷、忿怒，或絕望。痛苦就是一種自然警訊，警告我們：你正執著於某個負面想法。

當你沒有想任何事的時候，你會生出任何煩惱嗎？

不要相信任何你所想的

——想法是最不可靠的，因為想法常會扭曲事實，它本身就是問題的根源。

你曾想過誤解是怎麼發生的嗎？如果沒有思考，你要如何誤解一個人？你能嗎？如果你不去想關於我的事情，你會對我有所誤解嗎？你怎麼能夠誤解呢？

你是否注意過情緒是怎麼來的？每當你發脾氣時，你是不是想到了什麼？比方「我真受不了她！」、「他真是差勁的傢伙！」，如果沒有那些想法，你會發脾氣嗎？如果沒有情緒性的想法，你會有情緒化的反應嗎？

所以，釐清何者為「事實」，何者為「想法」非常重要。以下列舉幾個：

「我男友忘了我的生日（事實），他根本不愛我，所以才會把我的生日給忘了（想法）。」

「他東西亂丟（事實），他故意亂放，吃定我（想法）。」

「我太太離開我（事實），因為我不值得愛，她才會離開我（想法）。」

有人忘了生日或離開你，並無關你「值不值得愛」——那就是你虛構出來的想法。

曾有位沮喪的先生問我：「我投資失敗，孩子又不學好，我已經完蛋了，臉都丟光了！叫我怎麼快樂得起來？」

我說：「不要在『事實』上加上『想法』，你就可以快樂些。『事實』是『你投資失敗、孩子不學好』；『想法』是『你已經完蛋了、臉都丟光了』。」

只要你能看清你的想法並不等於事實——只是想法，而這些想法並不能傷害你，則你整個人生立刻會有所改變。反之，當你寧可相信自己的想法，而不願單純去看事實時，就會生出各種情緒性反應，那就是我們統稱的「痛苦」。

許多心裡苦悶的人常會問：「我要如何去除煩惱？我要怎麼去除負面情緒？」

這就是沒看清。其實，煩惱和情緒都不是要把它拿掉的東西，而是看清它是「不真實」的，看清那只是你的想法罷了。

對一個深信在門後躲了一個妖怪的小孩，你要怎麼說呢？你會要他仔細對你描述那妖怪的長相嗎？你會教他如何殺掉妖怪嗎？那是沒意義的。你只要讓他知道，那妖怪不是真的，只不過是想像出來的罷了。一旦看清了這點，他還會害怕嗎？

一隻貓不會去臆測「四條街外的惡犬」，而許多人卻是如此，腦袋總愛胡思亂想，怪不得許多人在閱讀舊日記時發現：「真不敢相信我當時會這麼想。」

所以我說，不要相信任何你所想的。否則你的情緒就像海浪一般起起伏伏，沒完沒了。

世界活在你心裡

——心念一瞬，是喜，還是悲？端看你將每一次遭遇往哪一個心境送。

在這世界上，不管你看見什麼，都不是事實，而是你的解釋。

例如，某天從巷子裡衝出一隻狗把你嚇了一跳，當時如果你想的是：「這瘋狗！差點撞到我！」你就會覺得自己很倒楣，心情自然也不會太好。反之，如果你的想法是：「喔！還好衝出的是狗而不是車子。」這時，你還會覺得自己倒楣嗎？不，你可能會覺得很慶幸。

面對同一件事，卻有截然不同的感受，原因出在哪裡？原因就出在我們的解釋。

在醫院病房裡有兩個人，他們在同一場車禍中受傷了，一個很沮喪，另一個卻笑嘻嘻的。

很沮喪的那個人不斷愁苦地說：「真倒楣，遇到這種事？」而另一個人卻說：「感謝老天，我還活著！」

發生在世界上的每件事永遠是中立的，完全看我們自己如何解釋。

記得有一次，我和幾對夫妻去拜訪一位朋友，幾個小孩子想玩撲克牌。他的媽媽問他：「為什麼要玩撲克牌？」小男孩興致勃勃地回答：「因為我們想賭東西。」

我發現這個母親的臉馬上沉了下來，因為她認為賭博對孩子來說是不好的。然後，在過了一會兒之後，她心情突然轉一百八十度，她充滿笑容說：「這主意不錯！這樣你們就可以練習數學了。」

你看，當解釋不同，結果就完全不同。

人常有一種迷思，相信別人的行為或言語會傷害到自己。事實上，他們說了或做了什麼，是好還是壞，會讓你高興或不高興，也是看你怎麼去解釋。

我聽說，有一位老阿婆清早去晨運後返家，滿臉不高興，女兒忙問是何原因。

老人家怒氣未消地說那些年輕人太不懂禮貌，「公車上都不讓位給我這一大把年紀的老人。」

女兒笑道：「要我也不會讓給妳坐，因為妳看起來還很年輕！」老

人家一下子開心了，當女兒見她悄悄走去浴室照鏡子時，不由得會心地笑了。

一個快樂和痛苦的人最大的不同，並不是兩種不同的境遇，而是兩種不同的解釋。

沒錯，與其說是你活在這世界裡，不如說是這個世界活在你心裡。心念一瞬，是喜，還是悲？是好，還是壞？端看你將每一次遭遇往哪一個心境送。

別問我，要問我的驢子

——如果你無法成為情緒的主人，就變成它的奴隸。

就在幾天前，我趕赴一個約會，由於正值下班時間，前方道路又在施工，所以車子走走停停。好不容易快到見面地點，整個車陣突然動也不動，探頭看去，原來是前方交叉路口的車子互不相讓。眼看時間一分一秒過去，許多駕駛開始按捺不住，頻按喇叭，有人則下車議論，有些性急的駕駛甚至把車切入機車道，一片混亂。

我坐在駕駛座上，想到自己都已經到了，車卻卡在這裡；想到時間過那麼久了，怎麼還沒見到警察前來，心裡也開始煩躁。當助理打電話來關心，問我怎麼那麼久？何時才會到？我不高興地回道：「誰知道！」

後來，我自問：真的有必要這麼情緒化嗎？這是唯一的表達方式嗎？

我了解，在這種情形下，我只能靜心等待。生活本來就會遇到許多無法預期的事，只能隨遇而安。我可以利用這段時間想一些事，打電話給久未連絡的朋友，或是欣賞音樂。當我開始這麼想時，心就慢慢靜下來了。

蘇菲派的聖愚者那斯瑞丁（Nasreddin）有一次騎著驢子走在小徑

上，驢子突然間受到驚嚇，開始在小徑上疾速狂奔。那斯瑞丁的朋友驚訝地看他急奔而過，大叫：「你跑這麼快要去哪裡？」那斯瑞丁回頭大喊：「你別問我，要問我的驢子。」就像那斯瑞丁的那頭驢，我們的情緒也常會失控。如果我們無法好好駕馭，就變成它在駕馭我們。

下次碰上塞車時，看看四周，可能會看到有人繃著臉，大肆抱怨，死命按喇叭；也可能有人在另一輛車裡對著收音機搖擺歡唱。同樣的事情，不同的心情。

你騎驢，還是被驢騎，都由你自己決定。

狗咬狗

——你不會把手伸進火裡，不是因為你怕火，而是知道這樣做會讓你燒傷。

你走在路上，如果有一隻狗擋住你的去路，你只要繞道過去就好，如果你想把牠拉開，很可能會被咬傷。

你遇到很難相處，或是找你麻煩的人，你只要不當一回事就好，如果你跟他鬥，就成了「狗咬狗」，那是沒完沒了的。

你曾為一隻舊襪子或一件物品和小狗拔河過嗎？你拉，牠也拉。你把東西從牠的嘴裡扯出來，牠就會再度咬住，還不斷地甩頭，同時對你發出吠叫。你越是使勁地拉，牠越拚命地拉。最後，你把手一放，牠也就不拉了。

以前，我辦公室裡有一位同事。他喜歡打小報告，翻動我辦公桌上的文件，甚至擅用我的辦公用具。

我去找他理論，他就背後打小報告；我要他不准動我的東西，他就說我小心眼，還說他是在找回他的東西，真是氣人。後來，我突然意識到，何必跟「這種人」一般見識呢？何必為了洗一雙臭襪子就啟動洗衣機？

也許有人會覺得，就這樣輕易饒恕了，那未免太便宜他了吧！其實，那不是便宜他，而是看重自己。你不會把手伸進火裡，不是因為你

怕火，而是知道這樣做會讓你燒傷。

狗會去咬人，人卻不會咬狗，你知道為什麼嗎？因為，即使殺了狗，也治不好你的咬傷。

等泥巴晾乾了

——「氣不過」，其實是跟自己「過不去」。

因為那個人做出了讓你生氣的事情，所以你的怒火蓄勢待發。

「我氣不過！」你說。

我不是要你勉強嚥下這口氣，只是想提醒你，在發作之前，請先想清楚：你是「氣不過」，還是跟自己「過不去」？

有位研究生因同學對他出言不遜，當眾諷刺他理論過時、見解平

庸，令他大為惱火，於是前去找教授評理。

「年輕人，」教授告訴他，「有時候，別人的言行是很難理解的。如果你不介意，讓我給你一個小建議。批評和侮辱，跟泥巴沒有什麼兩樣。你看，我大衣上的泥點，就是今早過馬路時濺上的。如果我當時立即去抹，一定會搞得一團糟。所以我把大衣掛到一邊，專心做別的事，等泥巴晾乾了，只要輕輕揮幾下就沒事了。」

就像沙子跑進眼睛裡，希望讓眼睛好過些就別去揉，越揉只會越痛。先把眼睛閉上，不要理它，等一下沙子就會隨著眼淚流出來了。

那個聰明的學生頓時醒悟，連聲道謝。教授最後說：「這是我從許多教訓中領悟到的。如果你現在就去找他議論，你會更生氣，衝突也一定更嚴重。我建議你等情緒的水分都蒸發掉了，再來想這件事。到那時，如果你還打算討伐他，請再來找我。不過晾乾水分後，你也許會發現那泥點淡得找不到了！」

有句話說得對：千萬別跟豬打架，免得把自己弄得滿身爛泥，而豬會非常高興。

沒錯，「氣不過」，其實是跟自己「過不去」。

面對批評

——海水上升，就能把底下凹凸起伏的地表蓋過。

每當被批評指責，不論是非真假，人們總是急著跳腳，很少人靜下來想過：「他為什麼這麼說我？」

你想過嗎？那些說你壞話的人，很可能是因為妒嫉你，是因為你對他產生了威脅，你對他產生壓力，他才會對你採取行動和攻擊。換言之，對你口出惡言的人，其實是對你最大的肯定。

東晉有一位政治人物叫做周顗，有一天他與宰相王導聊天，王導心存蔑視地問周顗：「你的腹中有什麼東西？」周顗回答：「空腹。腹內空無一物，但可以容幾百人進去。」有一段時間，王導之堂弟王敦常到皇帝面前說周顗的壞話，皇帝深為困擾，召周顗問道：「為什麼老是有人在背後說你壞話？」周顗回答：「長江萬里，總會有一些邪曲之處。」

所以，只要表現得越大器，越不受影響，越能顯示你的地位。反之，如果你以其人之道還治其人，等於把自己貶低到和對方同樣的水平。

在北宋時期，有個讀書人名叫呂蒙正，他的知識淵博，修養很好。後來不但考中狀元，並且在多年後擔任了參知政事的職務，這相當於宰

相的職位。

有一次，呂蒙正進入皇宮中，正要上朝時，聽見有個官員在窗子後面指著他對別人說：「這小子也能當參知政事嗎？」

呂蒙正假裝沒有聽見，但是和呂蒙正一起上朝的朋友，個個氣憤不平，想要去追查究竟，呂蒙正急忙搖手制止了他們。

呂蒙正對他們說：「算了，那人批評我，對我有何損失呢？可是如果我執意要去查看，知道是誰在批評我，那我就會永遠記住這個人，他將繼續擾亂我，就算懲處了他，對我又有何好處？所以我寧可不知道，不去查問是誰在暗地裡說我的壞話。」

就像海水上升，就能把底下凹凸起伏的地表蓋過。面對批評也一樣，如果你能把自己向上提升，自然就無視海底下那些崎嶇，因為你的

「水平」已高出很多。

那就是為什麼英國歷史學家愛德華．吉本會說：「我不會與我不尊敬的人爭辯他們的高見，我從不犯這樣的錯誤。」

試試看下面這個方法：在一張紙的半邊，寫下你所尊敬的三個人的名字，然後在另外半邊寫下你曾遭受到的批評。看看這些批評，自問：「我所尊敬的這些人是否對我說過這些話呢？」

下回當你再度遭到批評的時候，想想這些評論發自何人，以及你對他們的尊敬度。你將發現這些人和這些評語對你意義不大。

錯的相反並不是對

——你氣得想扛石頭去砸人，但必須一直扛著石頭的人是誰？

指出別人的錯，自己就是「對的」，這是許多人常有的迷思。

年輕時，曾看過一部名片叫《紐倫堡大審》。

最後一場對話至今仍讓我印象深刻。那位老法官向年輕的律師說：「你非常聰明，很會用邏輯思考，但是不要忘了，合邏輯的事不一定是對的。」

我們常以是非為標準，認為只要有道理就要堅持，然而人與人之間的衝突、紛爭和對立也於焉產生。這樣是「對的」嗎？

曾在美國的某雜誌上，讀到兩個盲人的故事。

有一天有個盲眼的女人帶著一隻導盲犬嘗試要穿越街道。當她踏出人行道的時候，她撞上了一輛停在路口的汽車。「誰的車？」她叫道，「找個人來拖走它，沒有人注意到我是個瞎子嗎？」在她的怒吼聲中，另一個盲人拍拍她的手臂。「對不起，」他說，「我的狗和我很樂意帶妳過馬路。」

這女人搖搖頭。「我要等到這輛車的主人回來為止，」她說，「我必須讓這個人知道他這樣做是錯的。」

這個人笑了笑，「我同意，他這樣是錯的。但是與其浪費妳的時間

做些徒勞無功、無法改變的事情，何不與我一起安全地穿過街道？」

想想，如果你身上著火，你會先撲滅身上的火，還是先追打縱火犯？如果只想去追打縱火犯，卻讓自己焚燒，那就太不智了。

錯的相反並不是對，而是仁慈。因為所有的憤怒都是從針對他人的批判而來。不公道的相反也不是公道，因為當你滿是憤怒，又如何主持公道？

人常以為要「是非分明」，卻沒想到，如果能退一步，又哪來的是非？

處理人事紛爭

——只要能帶來和諧就是對的，會造成不和諧就是錯的。

與人紛爭或誤解的時候，什麼最重要？對錯？是非？自尊？面子？輸贏？其實這些都不重要，最重要的是那個人；最重要的是你們的感情。

管理大師彼得杜拉克是對的，他說：處理人事紛爭，第一步驟要先問「什麼是正確的」？才進入第二步驟「誰是正確的」？

那什麼是正確的？只要能帶來和諧就是對的，會造成不和諧就是錯的。這是我的看法。因為我看過有些人就是為了爭贏，結果弄得眾叛親離；我也見過許多家庭和婚姻，就是太講道理，太是非分明，反而搞得四分五裂。

朋友寄來一則故事，覺得很有意思。

過年前有一家人自己做年糕，一陣忙亂後終於把年糕做好了。媳婦順手把年糕放在廚房地上晾著，到了晚上丈夫回來不小心，一腳就踩到年糕。

他縮回沾滿年糕的腳後，馬上對四周一臉惋惜的家人們說：「非常抱歉，都是我太大意了！」

小姑立刻幫腔：「其實是我不好，剛剛我進來時，也差點踩到，如果我多做一點事，把它移開就沒事了。」

在旁的媳婦也連忙說：「唉呀！是我不對，我做好的年糕應該放在適當的地方啊！」

婆婆也不願讓其他人自責，搶著說：「原本廚房是開著燈的，都是我為了省電才關的，沒想到造成更大的損失。」

最後公公在一旁也說：「不！不！我進出廚房多次，早該想到有人進來時，可能會踩到年糕，我應該早作防範的。」

每個人都認為是自己的錯，這就是和諧之道。

此外，若有意見不合時，則要「大事溝通，小事放空」，大事情應該冷靜溝通，小事情不妨放掉，不要鑽牛角尖，一再執著地想那件事。

不計較誰對誰錯，並不是因為我錯了，而是為了一家和諧，對錯與

否，反而不重要。

畢竟，就算你是對的，得到勝利卻輸掉感情，那又有什麼意義？

心的轉彎

——恨一旦開始流動，它就會回到愛。

心是流動的。

滯留的水，慢慢會變成死水；停滯的心，慢慢也會跟著枯乾。

我觀察過無數人，注意到人們之所以無法改變，最大的原因是心懷怨恨。「以前他這樣對我，憑什麼我要對他好。」、「問題在你，所以我為什麼要改變？」、「過去你欺騙我，叫我怎麼再相信你？」這實在

是非常不幸，因為只要你的心沒有寬恕，就沒有可能性，你就永遠覺得自己是受害者，而讓自己陷入長期的不愉快中。

流動的水，遇到石頭就會轉彎；流動的心，遇到阻隔不也應該轉彎嗎？

那該怎麼做？只有寬恕。我知道這很困難，尤其當你受到傷害，對方卻不承認他錯，或不願改變時，要去原諒實在太難了。

但是請回想一下，那些對你有好的影響，對你最有啟發、最令你感動的人，難道他們不都是先對你好的人嗎？不都是相信你、寬恕你過錯的人嗎？

試著退一步，以對方的角度看事情，看到對方和自己一樣，是一個凡人，有時會衝動、會失常，有時會懦弱、會暴躁，有時也會計較，也會考慮欠妥……難道你沒有過嗎？那時你是否也很希望得到諒解？

俗話說得好：「處事讓一步為高，待人寬一點是福。」當你原諒別人，你也移開了心頭上的大石，這塊大石也可能是你體內的結石。

心的轉彎，就是原諒。當你放下怨恨，心才能流動，恨一旦開始流動，它就會回到愛。

有錯就道歉

——你不需要為對方的反應負責，為自己的行為負責即可。

人與人之間的誤解，就像身上的傷口，越早處理越好；如果放手不管，久了就算傷口能癒合，心裡的疤痕也難除掉。

一位女孩因誤傳了話，傷及好友，兩人從此沒有往來。每次只要想起這位好友，她就很感傷。後來，她們在一次聚會上不期而遇，於是她主動過去打招呼。沒想到，兩人只剩客套問候，感覺早已走味。

所以，有話要盡早說，有誤會就問清楚：「你好像在生我的氣，究竟是什麼原因？」當面談清楚，是把壞情緒一掃而空的最好辦法。

如果有錯就道歉，不管對方接不接受都無妨。請記得，你不需要為對方的反應負責，為自己的行為負責即可。你唯一需要的是真心誠意但不易說出口的一句話：「我對自己做的事感到很抱歉，希望你能原諒！」真誠的道歉比任何行動都更能修復關係。

有一個男人跟父親之間，因為一些爭執形同陌路，很長一段時間，他都沒回家，甚至連通電話都沒打。後來聽說父親病了，他打電話回去關心，並鼓起勇氣，跟父親道歉，父親也接受了他的歉意，兩人終於重拾親情。

他很後悔說：「這幾年的憂慮都是多餘的，我真該早一點這麼

做。」

有什麼「深仇大恨」，為什麼不能說清楚？事情有這麼難嗎？只不過是舉手之勞，打電話或寫封信給對方就好了，何必想那麼多？

最好的證人

——狗兒對著月亮狂吠，然而月亮依然皎潔明亮。

有一回，同事因為誤解我，而對我不諒解。他指控我一件莫須有的事，我剛聽到時，覺得十分懊惱、氣憤、不知所措，沒有任何證據或證人可以證明我的無辜。直到我把心靜下來，我找到了一個最好的證人：我的良知。

我的良知告訴我：「只要自己心安理得，問心無愧，就是最好的證

明。」

如果有人說你在背後說他壞話，而你沒說，你要怎麼證明？有人說你拿走他的東西，而你沒拿，你要怎麼證明？你無法證明一件你沒做的事，不是嗎？

在六〇年代，美國有一位很有才華、曾經做過大學校長的人，出馬競選州議員。此人資歷很好、博學多聞，又精明幹鍊，很有希望勝出。

但是，選舉的中期，有一個很小的謠言散布開來：幾年前，他跟一位年輕女教師「有一點曖昧行為」。這實在是一個漫天大謊，這位候選人對此感到非常憤怒，並盡力想為自己辯解。由於按捺不住對這一惡毒謠言的怒火，在以後的每一次集會中，他都站起來極力澄清事實，證明自己清白。

其實，大部分的選民根本沒有聽過這件事，但是，現在大家卻越來越相信有那麼一回事，真是越抹越黑。選民開始質問：「如果他真是無辜的，為什麼要百般為自己狡辯呢？」這讓他的情緒變得更糟，也更聲嘶力竭地為自己洗刷。然而，這卻更讓人對謠言信以為真。最悲哀的是，連他的太太也開始轉而相信謠傳。最後他不但輸掉了選戰，也輸掉了婚姻。

何必呢？你把很多乾淨的水倒到爛泥中，水就會變清澈嗎？

有時候，本來就不是所有人都了解你，即使是最親近的人也可能誤解，你還有什麼話可說？

狗兒對著月亮狂吠，然而月亮依然皎潔明亮。在多說無益的時候，也許沉默就是最好的回應。在沒有任何證據或證人的情況下，良知就是最好的證人。

月亮正在看著你

——問自己：「我心安不安？我希望被人家知道我做的事嗎？」

有學生問我：「如果有一件事，我不知該不該做，那該怎麼辦呢？」

「很簡單，只要問你心安不安？覺得心安就去做；覺得不安就別做。」

當然，每個人道德標準不同，若覺得「心安」太過籠統，你也可以問自己：「我希望被人家知道我做的事嗎？」如果你不希望別人知道，就表示你做的是不對的，是有違良知的事，那就別去做。

良知是一種微弱的內在聲音，它告訴你，你被監視著。如果你能毫無畏懼，那就是心安。有一則廣為流傳的故事，我很喜歡。

話說從前，某村莊中，有戶貧窮人家，生活很苦，為了省錢，家長常利用夜晚到人家菜園裡偷菜。有一天夜裡，這父親帶著他七歲的小孩，走進別人家的菜園，想拔些蘿蔔帶回去。當他剛拔了幾條蘿蔔，他的孩子忽然在背後輕聲呼喊：

「爸！爸！有人在看你！」

他爸爸大驚，環顧四周，慌張問道：「人在哪裡？」小男孩指著上方回答：「爸爸！你看，月亮正在看著你，不是嗎？」

小男孩的話，讓他爸爸愣住了。心裡覺得很不安，於是放下手裡的蘿蔔，牽著孩子回家。

那菜園主人因為菜常被偷，心想這小偷太可惡了，一定要將小偷捉起來，就躲在樹後想捉賊。

當他看到人影正想出聲叫喊捉賊時，聽到那孩子講的話，一時也愣在那裡看著月亮。藉著月光，菜園主人看到了小偷的臉孔，知道他是同村生活困頓的窮人家。看著父子倆默默地牽手離開，他又抬頭看著月亮，默然不語。

菜園主人回家後，將看到的事情告訴妻子，妻子說：「那月亮不也正看著你嗎？」

隔天中午菜園主人跑去找那偷菜的父親說：「我家需要人手幫忙，

你可不可以來?除了工錢，還可以給你一些菜拿回家。」

對這額外賺錢的機會，又可溫飽一家，這父親當然滿口答應。

當夜這父親牽著小男孩的手，蹲在臺階上看著月亮，那小男孩說：「爸爸，你看，月亮在笑了！」

同時菜園主人也在房前看著月亮，對妻子說：「從未感覺月亮一直在看著我們，看著別人在做什麼，也看著我如何回應……妳看，月亮好像在笑了！」

記得猶太有句格言是這麼說的：當我們做任何事，只要注意三件事，就不會錯。

一、有一雙眼睛在看著你。

二、有一對耳朵在聽著你。

三、你所有的言行將被記錄在書裡。

有太多人因為想得到眼前的好處，而忽略了自己的原則，以及一些道德上的考量。我們應該以此為戒，在做任何事之前，先問自己：「我心安不安？我希望被人家知道我做的事嗎？」

別忘了，月亮正在看著你。

天使與惡魔

——當你懲罰別人時，你使自己與愛分離；
當你給予寬恕時，你變成愛的化身。

再善的人，也有一點惡；再惡的人，也有一點善；每個人都存在一種可能。每道善與惡的門都是打開，而且相通的。

孟子曾說過一段話，用白話來說大概是這樣：

牛山的草木非常茂盛，在山一邊的城市為建築的需要砍伐木材，山的另一邊是農村，村裡的牛羊吃光了山上的花草，原本茂盛的一座山

成了禿山。但是，禿山並非山的本性，花草樹木也不是山的本性。換言之，人性並非本善，也非本惡；山的本性是「可以」長出花草樹木，那是它的潛能，山即使禿了，只要給予雨水與朝露，新芽便會發出來，仍舊可以成為一座茂盛的山。

人也一樣，每個人本來就具有可能性，只要給予機會，都有無限的可能。

雨果的不朽名著《悲慘世界》中，冉阿·讓原本是一個勤勞、正直、善良的人，但窮困潦倒，度日艱難。為了不讓家人挨餓，迫於無奈，他偷了一個麵包，被當場抓獲，判定為「賊」，鋃鐺入獄。

出獄後，到處找不到工作，飽受世俗的冷落與恥笑。從此，他真的成了一個賊，一個偷雞摸狗、順手牽羊的人。

員警一直都在追蹤他，想方設法要拿到他犯罪的證據，把他再次送進監獄。他卻一次又一次躲過了。在一個大風雪的夜晚，他飢寒交迫，昏倒在路上，被一個神父救起。神父把他帶回教堂給吃還給住，但他在神父睡著後，卻把神父房裡的所有銀器席捲一空。因為他已認定自己是壞人，就應該做壞事。不料，在逃跑途中，被員警逮個正著，這次可謂人贓俱獲。

當員警押著冉阿．讓到教堂，讓神父指認失竊物品時，他絕望地想：「完了，這輩子只能在監獄裡度過了！」

誰知神父卻溫和地對員警說：「這些銀器是我送給他的。他走得太急，還有一件更名貴的銀燭臺忘了拿，我這就去取來。」冉阿．讓的心靈受到巨大的震撼。

員警走後，神父對冉阿．讓說：「過去的就讓它過去，重新開始吧！」從此冉阿．讓決定洗心革面，重新做人。

每個際遇都有被判決或憐憫的機會。判決是給予懲罰，憐憫帶來的卻是開釋。你有選擇權。當你懲罰別人時，你使自己與愛分離；當你給予寬恕時，你變成愛的化身。

這也曾在你的生命中發生嗎？每當有一個人全然地、無條件地接受你時，你就會轉變。反之，即使某人表現得不好，但如果你依舊能付出，一樣深愛著，你就會看到很大的改變。

有一個年輕人，從小功課就不好，常被同學嘲笑，長輩中幾乎沒有人看好他的未來。但幾年以後，他獲得博士學位，還寫了好幾本書，過去認識他的人訝異地問他：「為什麼你能有這麼大的轉變呢？」

他說：「因為，我母親在我功課最差的時候沒有放棄我；在沒有人看好我的時候，她總是鼓勵我，讓我有動力從不斷的跌倒中再爬起來。」

人所受的影響並非來自那些責備他們的人，而是那些不帶任何成見，傾聽他們心聲，同時相信他們必有一番作為的人。

所以，我們應該多鼓勵，少責難。如果你能引發別人心中的善，你就成了天使，反之，引發的是對方心中的惡，你就是惡魔。

雙重標準

——別人把你當作白布，自然要求和挑剔的比較多。

別人可以這樣，為什麼我不能？同樣犯錯，為什麼我被責罰，他卻沒有？你感到忿忿不平。

的確，當有人用雙重標準看自己，很自然的，我們會有不平之鳴。但是對你的標準比較高，並不代表否定，有時反而是更高的肯定。這是一般人很少發現到的。

說一則故事：

從前，有戶人家種了很多蓮花，到了夏天，池塘裡的蓮花朵朵開放，處處飄著蓮花的清香。

有一位修道的比丘，在禪定中聞到了這股花香，不由自主去尋找香氣的來源。找著、找著，來到了一座種滿蓮花的池塘邊。

「原來這裡有這麼多的蓮花。」比丘很高興，靜靜地站在池邊，聞著花香。

這時候，蓮花池的主人正巧經過，看到比丘站在那兒聞花香，很不高興地說：「你這個修道人，怎麼可以沒經過我的同意，就來聞我的花香呢？這是犯偷盜戒啊！」

比丘聽了很不服說：「我沒有拿你什麼東西，只是因為聞到香味，

所以來這裡聞一下而已，這樣怎麼能算偷盜呢？再說，你看看那蓮花池，多少人偷了你的蓮藕，摘了你的蓮花，為什麼你不去抓他們，反而來說我呢？」

主人說：「因為你是一塊白布，所以我很在乎，至於那些挖蓮藕、摘蓮花的人，都如廚師的圍兜，又骯髒、又油膩，所以我不計較。」

在我們的家庭和辦公室裡，是不是也常發生這種情況？孩子常以為爸爸、媽媽偏心，對誰比較好；員工常常覺得辦公室裡勞逸不均、賞罰不公。其實，當我們遇到這種看似不平的要求時，應該覺得慶幸。因為別人把你當作白布，自然要求和挑剔的比較多。如果是一塊髒抹布、圍兜，即使弄髒了也不會有人在意。

常被要求和挑剔的人，並不代表比較差或問題比較多，這是人們常有的誤解。例如：你的手錶誤差五小時不會出問題，因為你知道那錶有問題；可是如果你的錶只差五分鐘（特別是慢了的情形），那很可能就會造成各種問題。比方你跟人約會、搭乘車子、班機……等。

只差五分鐘的錶會有問題，是因為你信任那隻錶；同樣的，當你越相信某人，對他的期待和要求通常也比較高；反之，如果相差太大，就如同誤差五小時的手錶，你不相信，也不期待，當然也不會有任何問題。明白了嗎？

請不要把我看得太嚴重

——他的言行不是針對我，而是針對他自己。

你不懂，為什麼對那樣一件事，他會有如此激烈的反應？為什麼前一分鐘他還好好的，下一分鐘又變了？

其實，人本來就是這樣，會因體驗不同，心情也不同。如果你沒有同樣的體驗，你當然不懂。

例如當我們因頭痛而變得煩躁易怒，我們很容易了解自己的情緒是因頭痛而起；然而如果別人不知道，他們無法感覺到我們的體驗，就會覺得不解：「為什麼他會那樣？」

我們對別人的評斷也一樣，由於我們無法感覺別人的體驗，所以我們會去評斷他們的言行：「他不應該亂發脾氣。」、「一點小事，何必發那麼大的火。」我們只看到外在的言行，看不到對方內在的感受，就很難感同身受。

一般人無法理解為什麼有人前一刻是「好」的，下一刻又變「壞」。只有心智相當成熟的人，才能理解：「現在他火氣大，是因為他壓力大、負擔大，因為一堆煩人的事把他引發出來，所以他的言行不是針對我，而是針對他自己。」

我聽說，有一座隱密的僧院，那裡採用了蘇菲學派的技巧，那是一

套很棒的方法：每當一個人進入那個僧院，變成那裡的門徒，他們就給他一個牌子，牌子的其中一面寫著：「我是負向的，請不要把我看得太嚴重。」——如果我說錯了什麼，我並不是真的要這樣對你說。因為我是負向的，我充滿了怨恨、憤怒和抑鬱；如果我做了些什麼，那只是我自己負向的心情，而不是因為你做錯了什麼。

牌子的另外一面寫著：「我是正向的，我是具有愛心的，我是慈愛的，請不要把我看得太嚴重。」——如果我對你好，那並不是因為你，而是因為我心情很好。

每當一個人覺得他的心情有所改變，他就可以改變他的牌子。不管他處在什麼樣的心情，他都可以翻出牌子的那一面。透過這樣的做法，人們相處都很融洽，沒有人會把別人的情緒反應看得太嚴重，因為那只是他的心情。

了解了嗎？別人的言行不是針對我，而是針對他自己。把這句話牢記住，以後如果有人對你發脾氣，你就能多一點包容和體諒。

垃圾車定律

——那個帶給我們痛苦的人，其實也深受其苦。

有人扛著一袋垃圾，所到之處都會散發垃圾的味道；當一個人內心痛苦也會帶給周圍的人許多痛苦。

我曾有個鄰居常擺一張臭臉，有時還會對人口出惡言，附近的人對她都避之唯恐不及。想當然，我也不喜歡她。一天夜裡，我聽到樓下救護車的聲音，便從窗戶往外看，看見救護人員將她抬上救護車，然後燈一閃一閃地開往醫院。那一天，我才知道她病得很重，有嚴重的心臟病和關節炎，每天都過著極為痛苦的生活。頓時，我對她的感覺立刻改觀。

人都是欠缺了解，才會有誤解。當我們看到一張臭臉，我們並不知道他其實是身體不適；當我們對一個不友善的職員或店員發怒時，我們並不知道他的同事在工作上撈過界，搶走了部分屬於他的客戶，我們更不知道他的老闆剛訓了他一頓；當我們對馬路上橫衝直撞的車大罵，又豈能料到他的孩子剛發生一場意外，他正急著趕往……。如果我們了解，態度是不是會完全不同？

曾讀到一篇「垃圾車定律」的文章，很發人深省。

有個乘客搭上一輛計程車，打算到機場。正當他們開上車道時，突

然有輛轎車從停車格開出，兩輛車差點就撞上了。那輛轎車的駕駛凶狠地甩頭，並且朝著計程車破口大罵。

計程車司機並沒有動怒，反而微笑朝他揮揮手。這乘客覺得不解，「你剛才為什麼那麼做？那傢伙差點毀了你的車，還可能害我們受傷送醫院！」

計程車司機解釋說：「其實，許多人就像垃圾車。他們到處跑來跑去，身體充滿了垃圾、充滿了沮喪、充滿了憤怒和失望。隨著垃圾堆積，他們終須找個地方傾倒，有時候，我們剛好碰上了，垃圾就往我們身上丟，所以不要介意，只要微笑、揮揮手，祝福他們，然後繼續走我們自己的路就行。千萬別將他們的垃圾擴散給同事、家人或其他路人。」

當你真正了解，你就會諒解。那個帶給我們痛苦的人，其實也深受其苦。因為他們堆積很多垃圾，所到之處才會「臭氣沖天」。所以不要介意，只要微笑、揮揮手，祝福他們，千萬別將他們的垃圾擴散給同事、家人或其他路人。

別人引來不幸

——當別人為你帶來噩運，其實，你也為別人帶來噩運。

前陣子，房子二次施工，原因是架高的木地板會發出異響。本來是怕麻煩，加上所用的木料全是臺檜，施作中若有毀損，怕一時間很難找到，所以一再遲疑是否要再次施工。然而，當異響越來越大，保固期又快過了，也只好做了。

想到才住不到一年又要大興土木，就讓人洩氣。當時，要不是工頭小陳擅作主張，說什麼用鐵架支撐力強又可防蛀，也不會搞出這種烏龍……每想到這，就一肚子火。

某個週末，我跟父親提及此事，他提醒我要「將心比心」，自私的觀點不但狹隘、令人充滿憤怒，也讓我們心中只有自己，不顧他人。我回顧自己在這件事情的處理上確是如此。

於是，我決定站在小陳的角度看待這件事。在緩慢的幾個深呼吸以後，我開始嘗試體諒小陳的感受，並且關心這件事對小陳的損失，心情立刻有了很大的轉變。畢竟，他也不願發生這種事。

我覺得自己很倒楣，但對他來說不也很倒楣嗎？

我想起一則非常古老的故事。在印度，有個著名的梵文詩人叫克里德沙。他小時候和母親住在皇宮對面的一間小茅屋裡。皇宮的高牆內有

棵結滿果實的芒果樹。每逢收成季節，果樹總是掛滿甜美多汁的芒果。趁著無人看管之際，克里德沙會翻過高牆採擷芒果。

有一天，克里德沙又去偷摘芒果，他沒注意到國王正從皇宮的窗口望著他。就在那個早晨，國王在剝芒果時，不小心傷到了手，流了許多血。於是國王召喚巫師，想知道這個意外預示了什麼徵兆。

巫師想了一會兒，然後詢問國王早晨是否看見不尋常的景象。國王說他看見一個小男孩在皇宮內偷摘芒果。「陛下，您所看見的景象非常不吉利，這個男孩將為您帶來噩運。」巫師這麼回答，「陛下，您必須馬上除掉這個男孩。」

於是，國王命令屬下將男孩帶到他面前。可憐的男孩顫抖著，接著有人宣布國王看見他偷芒果，而這件事將為國王帶來噩運，問他在被處死之前，是否有任何話要說。

「陛下，我很遺憾為你帶來噩運，」克里德沙說道，「但是，今晨看見我偷芒果的人似乎也應該受罰，因為他也為我帶來噩運。」

這個回答令國王震驚，同時讓他醒悟，克里德沙也因此獲得釋放。

人往往只看到別人引來不幸，卻沒看到自己也為別人帶來不幸。

比方，婆婆對媳婦不滿，婆婆會覺得家門不幸，但對媳婦來說，又何嘗有幸？當員工的感慨自己懷才不遇，但當老闆的又何嘗不感慨？當你愛錯了人，覺得自己很倒楣，但被錯愛的人不也一樣？

當別人為你帶來噩運，其實，你也為別人帶來噩運。所以，請將心比心！

最重要的是動機

——為人，盡其在我，則無愧於心；處事，盡其在我，則無愧於人。

有兩個護士在護理長的陪同下來找我談。其中一個說：「我想辭職，我做不來。」乍聽之下言談爽朗的她，似乎有些心事。

我說：「妳做得很好啊！怎麼說做不來？」聽到我的話，她突然哽咽起來。「我沒辦法愛人，每天照顧重症病人，有時還眼睜睜看著他們走向死亡，我卻沒辦法幫助他們。我覺得我不適合當護士。」

她真的沒有愛嗎？正好相反，她是個滿懷愛心的人，只是對自己的期望太高了。

另一個護士對是否請辭猶豫不決。原因是上班的時間太長，她常因不能多抽時間陪伴二歲的兒子而自責。可是一放下工作陪伴兒子，又想到不能多賺錢補貼家用，自覺愧對先生。

她沒責任感嗎？不，她就是太有責任感，才會愧疚和自責。

以我來說，也經常會碰上無法兩全其美的情況。比方，把時間多留點給家人，就無法多關心病人；多點時間關心病人，就沒有多餘的時間留給朋友。我沒有辦法滿足每個人。後來，我想通了，只要盡心就好。

再如，有時大家太過信賴我，把事情交給我，然而有些事是超乎我的能力的，以致未能盡如人意。在那種情況下，我當然也會感到愧疚和

自責。但我會提醒自己：只要盡力就好。

記得有句俗話：「論行不論心，論心世上無完人；論心不論行，論行寒門無孝子。」

我想我們在做每件事最重要的就是動機，就是那個心。凡事只要盡其在我就行，其他的就不用多想了。

古儒吉大師說過：「要捍衛你的動機，而非你的行動。」人們往往捍衛自己的行動而忽略自己的動機，因而變得難過與軟弱。你無須難過，捍衛你的動機，去做正確的事。

沒錯，只要你的動機純正，問心無愧，就算做錯了或失敗了，也沒什麼好自責的。

你給自己判刑嗎？

——沒有人能在事情發生之前，就知道結果。

那是發生在幾個月前的一場車禍，當救護車到院時，太太已無生命跡象，先生做完手術後，活了下來。身體漸漸復原，但心靈的重創卻久久難癒。

即使事隔多時，那個痛苦恐怖的片段依舊在他腦中揮之不去。他不斷自責，「如果當時我不找她一起出門，她就不會死。」

我試著安慰他，「這並不是你的錯。」他低頭不語，顯然仍無法擺脫罪惡感的糾纏。

他忘了很重要的一點，沒有人能在事情發生之前，就知道結果。既然不知道，我們能怎麼樣？

就像這位先生，我們每個人或多或少都曾為某些事感到內疚，有人自責做錯了決定，才會造成這種結果；有的則內疚自己做得不夠好，對方才會離開；有的懊悔自己發現太晚，事情才會不可挽回；有人則為自己所犯的錯，久久無法釋懷……

罪惡感，簡單地說，就是想用痛苦來贖回心中的罪惡。就像在乞丐的缽中投入一角，好為自己贖回十分錢的罪孽。但這樣做有用嗎？

背負著罪惡的包袱，不但加重心靈負擔，也阻礙了喜樂；用罪惡懲罰自己，無法換取平安，反而帶來更多的不安。於是我們又埋怨上天和命運，為什麼對我們如此殘酷。事實上將我們銬上痛苦鎖鍊的，正是自己。

有一個讀者曾跟我談到類似的狀況，當時她剛離開丈夫，心中有很深的罪惡感。他們的婚姻名存實亡，她的丈夫長期失業，而且還酗酒。但她還是因為分手而內疚。

「每當有什麼歡樂時，心裡都會覺得不安，覺得自己很壞。」她說。

那位讀者給自己判了罪惡感徒刑，在執行一年後，很幸運的，她認識了一個男人，讓她提早假釋出獄。她在後來的信中告訴我，現在她不再感到內疚，整個人也煥然一新。

你有給自己判刑嗎？你打算還要關多久？快放過自己吧！走出牢獄，外面晴空萬里。

項鍊，戒指

——這世上沒有一個人是完美的，也沒有一個人是故意不完美的。

不知是約定俗成，還是怎麼開始的，項鍊和戒指一直被大家用來當作定情之物。為什麼？一般的說法不外是象徵「套住」或把對方「套牢」。但進一步想，總覺得這說法過於膚淺，也容易誤導。

因為愛的弔詭就在：手抓得越緊，越是一無所有。當一個動物被套住時，牠唯一想做的，就是逃跑，人也不例外。

美滿的愛戀，應該是兩人相依相持，卻不互掐脖子。所以，當我們把項鍊掛在對方脖子上，更深一層的含意應該是提醒彼此，要保持相戀時的初心。

人相處久了，常會把對方的付出視為理所當然，這是感情生變的開始。

「項鍊」音似「相戀」，看到項鍊就想起相戀時的美好；想起相戀的濃情蜜意；想起相戀時的珍惜。這才是項鍊的真正含意吧！

相戀，是一個尋覓與配對的過程，但相處卻是一個學習與調適的過程。相戀時用望遠鏡，相處卻用放大鏡，每天相處在一起，缺點自然暴露無遺。甚至很多在相戀時認為的優點，現在卻變成挑剔的缺點。正所謂「相愛容易，相處難」。

戴上「戒指」，是在提醒彼此要「戒」掉「指」責。這世上沒有一個人是完美的，我相信也沒有一個人是故意不完美的。加上生長自不同環境的二個人，無論心靈如何契合，都難免會有衝突。

今天你之所以會去喜歡一個人，一定是他的某一點吸引你，才讓你傾心。但你總不能「偏心」，只要對方的優點，不要缺點吧！

引述佛蒙特諺語：「當你買這塊土地時，你買下了這些石頭；當你買這塊肉時，你也買下了這些骨頭。」

愛一個人，是愛他「本來的樣子」，是愛他的「全部」；如果你總是「指責他」，一直想「改變他」，那你怎能說是「愛他」的呢？

看看脖子上的項鍊和手上的戒指，想想當初你是怎麼看上他的？再想想現在你又是怎麼對待他的？有什麼感想嗎？

其實愛一直都在

——如果他已經把自己築成一堵牆，那麼你何妨把自己變成一座橋。

當一把火生起，周遭只要是易燃品都會跟著起火。當一個人生氣時，所有的思想、言語、行為舉止和表達方式也都跟著生氣，這在心理學上叫「全人格」。

任何一種人際關係都是全人格的，在親密關係上尤其如此。比方，當伴侶間有了磨擦，難免怒目相向，口不擇言，即使事情過後依然怒不可遏，

這時如果你期待他過來安慰，拿手帕為你拭淚，那你可能要大失所望了。

正因為全人格的關係，所以我們常會和父母賭氣，與朋友嘔氣，與伴侶鬥氣，我們不是不愛他們，事後我們也會感到後悔，只是在火冒三丈時，無法突然「溫柔」起來。然而，誤解、疏離和紛爭也由此而生。

有一對夫妻經常吵架，每次總是太太無理取鬧，先生起先不予理會，可是個性剛硬的他，總無法堅持到最後，結果越吵越大聲。

鄰居受不了他們的吵鬧聲，數度上門勸和，他們卻依然如故，最後鄰居態度轉為抗議，夫妻倆才真正意識到這樣下去不是辦法。

為了息事寧人，他們想出一個好辦法，就是在床頭放一個小木箱，每天把想罵的話寫在紙條上投入木箱中，到月底拿給對方看。

此後，鄰居再沒有聽到他們的吵鬧聲，平平靜靜過了一個月，到了月底，夫妻一同打開木箱交給對方。

結果兩人發現，剛開始大家寫的都是咒罵對方的話，但是離月初越遠，火藥味越減；離月底越近，甜言蜜語越多。最後字條中竟出現「我愛你」三個字。

兩人心中受到極大的震撼與感動，忍不住擁抱在一起。這才發現他們一直深愛著對方。

你必須在心底深處知道彼此是相愛的，這會讓你願意忽略彼此的歧見和缺點。如果他已經把自己築成一堵牆，那麼你何妨把自己變成一座橋。如此，當他轉過身來的時候，才有回來的道路。

很多關係的問題，都不是情感出問題，而是情緒的問題。當彼此都冷靜下來，你就會發現，其實愛一直都在。

愛上編造的東西

——你愛的並不是那個人，你愛的是你想像中的人。

每個人在尋找對象時，潛意識裡早已設定好夢中情人或真命天子的形象，當你愛上某人，其實是把那個形象投射在對方身上，所以在剛開始愛的時候，彼此會感覺如此美好。接下來，當彼此交往越深，真相越顯露，愛也跟著幻滅。

幾年前，我去拜訪一位朋友。他愛上了一個女人。他開口閉口都是她，說她就是他的夢中情人，於是兩人決定攜手共度一生。

結婚一年後，我再度拜訪，才知兩人已貌合神離，形同陌路。他對她滿懷憤怒地道：

「我真是看走眼才會愛上她！」他繼續指責、抱怨。聽他吐完苦水後，我告訴他：

「你並沒有愛上她，你愛上的是你內心投射出來的幻象。你幻想她是你的夢中情人，才會產生這種錯覺。」

我們總以為自己愛錯了人，那是很大的誤解。其實，你愛的並不是那個人，你愛的是你想像中的人。先生對太太有一個想像，每當太太達不到他的期望，就會有衝突、憤怒和失望，他喜歡他想像中的太太；而太太喜歡她想像中的先生，每當對方達不到她的期望，就會不滿、悲傷

和怨恨，問題就是這麼來的。

《亂世佳人》中，郝思嘉曾說：「我愛上自己一手編造的東西。我縫製了一件衣裳，並愛上了它。當衛希禮出現時，我把那件衣裳硬往他身上套，不論合身與否。我不願看他真實的模樣，我愛的一直是那件漂亮衣裳，根本不是他本人。」故事的尾聲，她又說：「我一直愛著一個不存在的東西。」

真正的先生在那裡，真正的太太也在那裡，但我們卻希望跟期待的對象，而不是真實的對象在一起，那就是為什麼愛會一再幻滅。

你心中早已想好一個劇本，被你愛上的人必須配合演出，對方演得好，你就覺得幸福得意；若演不好，甚至不願配合演出，你就認為愛錯人。你看不清一切都是你的幻想。

如果你不再去創造那些「幻象」，你的心就會平靜下來，你將發現，原來所有的不幸都是自己創造出來的。

替自己找理由

——如果你能對自己誠實，就沒有人能欺騙你。

如果有隻動物，牠動作像狼，叫聲也像狼，你會認為牠是羊嗎？你一定會說，又不是瞎了！可是在深陷愛情時，有不少人真的就是這樣。

有一名女子的男友老是和其他女人打情罵俏，她也發現到了，但是當朋友告知，她卻不願承認男友花心，還為他找理由：「他只是比較隨和大方而已」。

還有些人，結婚對象與自己不合，但一旦選擇了，反而強調對方種種的好品格。他們都瞎了嗎？當然不是，只是為了不讓自己變成傻瓜，所以才不斷找理由來說服別人和自己。

說得更白一點，他不是在替對方找理由，而是在替自己找理由。

有個年輕女子不顧家人反對，嫁給一個遊手好閒、在地方上聲名狼藉的男子。果然結婚不久，嗜酒又好賭的丈夫就花光了她的嫁妝，還不時對她拳腳相向。

但每當有人勸女子離婚，她不僅聽不進去，還總是急著替丈夫辯護：「他是因為懷才不遇，所以才會嗜酒、賭博。」、「他的本性不錯，脾氣會變得那麼壞，其實是有理由的。」久而久之，身邊的人也懶

得勸她了。

某天，女子到教堂找神父告解。在告解室裡，女子一面訴說丈夫的不是，一面習慣性地替丈夫「找理由」。而神父一直沒有說話，只是靜靜地聆聽。

最後，女子苦笑著說：「他這麼對我，我還一直替他找理由，您一定覺得我很傻吧？」

神父終於開口了：「孩子，妳錯了。從頭到尾，妳都不是在替他找理由。」

女子愣住了。

「妳不是想說服我，更不是想說服那些勸妳離婚的人，其實妳最想說服的是自己。」神父說，「所以妳根本不是在替他找理由，而是在替自己找理由。」

神父的一番話，讓女子痛苦失聲。她下定決心，誠實地面對這段痛苦的婚姻，不再替自己找理由。

許多分手的男女在回首兩人的過去時，總會發現一些負面因素，其實一開始就存在，而他們也早就看到了，只是不斷地為自己找理由、騙自己。

事實上，如果你能對自己誠實，就沒有人能欺騙你。

破除幻象

——問題不在於誰讓你失望，而是誰讓你的「迷思」結束。

愛情是一種幻覺，讓人誤認了彼此，我們幻想著理想愛情的模樣，然而真相卻常在無意間戳破我們的幻夢。當夢醒時分，失望再所難免，然而希望的幻滅，也是清醒之際。

當我們看出擁有愛情並不能擁有一切，我們就不至於因失去愛情，連自己也失去；當我們逐漸看清事實，發現別人的不完美和不可依賴，從這種「無力」中，我們也重新找回自己的力量。

所以，問題不在於誰讓你失望，而是誰讓你的「迷思」結束。

就像《綠野仙蹤》裡的桃樂思，發現奧茲國的魔法師並沒有神奇法術時，深深感到失望，但這失望卻是她學會信賴自己的轉捩點。將她帶回現實世界的小狗讓她明白，唯一可靠的魔法，就掌握在她自己手中。

失望帶來一切已山窮水盡的幻覺。然而，失望也能賦予我們力量，讓我們有機會發現新的可能。正如一句禪偈所言：「正因為房子燒毀，我才能有一個更好的視野看見月亮上升。」

相反地，假使我們因為失望而懊悔，或不停指責對方，我們就成了受害者。失望便會奪走我們的力量，讓我們蜷曲在自鑄的牢籠中。

如果你因為失去愛而自怨自艾，驅散你的自憐吧！真心愛人者絕不

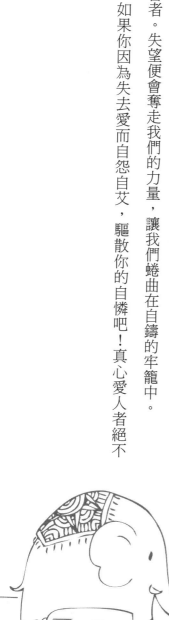

會毫無所獲的。我們失去的，其實是我們依戀或倚賴的幻覺。唯一會失去的東西，終究來說都是幻覺。是我們一直編謊言、騙自己……

我們應該要反過來對讓我們失望的人說：「謝謝你幫我從幻覺中解脫。」

是的，感謝失望，幫我們「破除幻象」。

真愛就不改變？

——愛是本質，本質是不變的，但愛是會變的，也是會轉移的。

愛是會變的。

在愛裡面，有時溫柔，有時爭吵；有時親密，有時疏離。這些變化都是自然的，也是正常現象。就像母親對孩子，有時候她會抱孩子，有時候會寵孩子，但有時候她也會對孩子嚴厲或處罰孩子。她這樣做是出於愛的關係。

愛也是會轉移的。

小時候，你最愛的是父母和糖果，長大以後，你對父母和糖果的愛會轉移到朋友和玩具。等你為人父母之後，你對孩子的愛會遠超過對父母親的愛；當夫妻之間有小孩以後，彼此的愛也會發生類似的轉移現象。

男女間的愛也一樣，在不同階段裡，會有不同的面貌。一如楓樹的外觀在春夏秋冬各有不同，但楓樹依舊是楓樹。

人們常以為：真愛就永不改變，這觀念是錯誤的。真的玫瑰花不會永遠都一樣，它總是不斷在變化著。然而如果你認為真愛就不會變，你就會受很多苦，甚至懷疑那不是真愛。

愛是本質，本質是不變的，但愛是會變的，也是會轉移的。

所以，當愛來臨時，盡情享受，不要花時間去煩惱愛情遠離，憂心從沒能讓愛情回頭；當遠離時，也請欣然放手，在你放手後還會回來的，才是屬於你的。

放下才能放過

——放下你所堅持的，不再執著於那個點，你會發現你也放過自己。

週末到圖書館，隨手翻到一本書，其中談到有兩位先生發生外遇的太太，她們都幾乎無法面對這種打擊，但是第一位太太採取的是報復——不讓先生好過，只要先生在家，就擺出冷冰冰的態度，有時又用大吵大鬧的態度來譏諷對方。先生當然不好過，但除了三分愧疚之外，更覺得七分有理。

結果太太雖達到報復的目的，卻沒有解決問題，甚至賠上孩子的未來，而她自己也無時無刻地活在報復的陰影裡，心中一直充斥著過去的舊恨，不能接納先生。

另一位太太採取了寬容的態度，不再刻意去責怪先生的負心，反而勉勵自己要支撐起家庭責任，不讓孩子受影響，更重要的是不讓自己的心為怨恨所侵占，因此她選擇「放下」。表面上看起來她似乎吃虧了，事實上她是選擇了「自由」之路。

所謂放下才能放過，如果你願意放下你所堅持的，不再執著於那個點，你會發現你也放過自己。

當然，一定有人會說：「要放下談何容易？」但是，一面想要留住「幸福」婚姻，一面卻不願忘掉「心痛」的過去，豈不更難？

有個年輕的妻子發現先生外遇。這件事鬧得滿城風雨，外遇對象不肯罷手，接二連三到她與丈夫的公司鬧，她最後對第三者提出妨害家庭的告訴，多次進出法院，每一次開庭，她的心就要再痛一次……

更讓她痛心的，是先生的背叛與三心二意。她甚至為此多次尋短。最後，丈夫終於和第三者澈底劃清界線。心中的虧欠，讓他從此安分守己，再也不四處拈花惹草。

妻子原以為，事件告一段落後，兩人可以從新開始，回到過去幸福的時光。但她很快就發現，事情早就不一樣了。

她變得疑神疑鬼，三不五時打電話給老公「查勤」；她總是忍不住偷看丈夫的手機、電子郵件，甚至常盤問丈夫的行蹤。

夜深人靜時，她只要想起丈夫曾經出軌，就忍不住啜泣，無論丈夫一次次懺悔，都無法彌平她心中的傷口……

但她從沒有想過離婚。這段婚姻苟延殘喘了十年，她已經連第三者的模樣都忘了，但越來越清晰的是，她非常不快樂。她看先生也同樣不快樂。

兩人終於簽下離婚協議書，分道揚鑣。

回首過去，她遺憾的不再是婚姻失敗，而是自己應該早一點揮別這段感情。她日後總是語重心長地奉勸有感情、婚姻問題的朋友：「如果不能放下，那麼就請你放手。」

她說得對，只有當你放下你抓住的，它才會釋放你。

我們渴望釋放，但是我們拒絕放手，只要我們抓住不放，我們就會被困住。任何我們想抓住不放的人事物都會抓住我們。

所以，如果真的無法放下，那就請你放手吧！

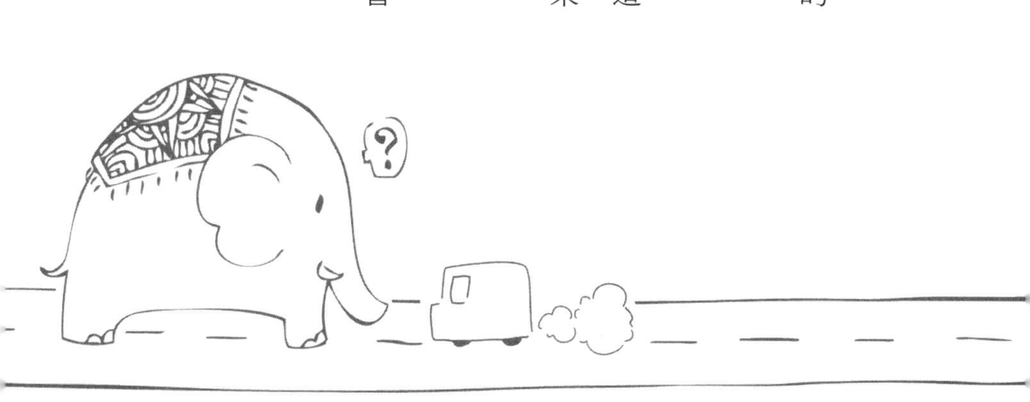

放不下自己

——如果你緊抓著不放，那是因為你放不下自己。

生離與死別是人生最難承受的痛，尤其是對我們深愛的人。

一位學生找我談，他的女友移情別戀，他感到傷痛不已，久久無法釋懷，不知該怎麼辦。我問他：

「你還愛她嗎？」

「當然，」他說，「如果不愛她，怎麼會如此痛苦？」

「好，」我給他一張紙，請他寫出為何感到痛苦的原因。他寫道：

我很愛她，我不能沒有她。

我對她那麼好，她卻背叛我。

我本來想跟她一輩子廝守在一起，但現在一切都成空。

我不知道我是否能再像愛她一樣地愛別人。

然後我們開始討論他寫的，我說：

「我們來看看你所寫的，都是你的想法，不是她的。很顯然，她無法滿足你的夢想、期望和欲望，這就是你痛苦的原因，對嗎？如果你愛她，而她找到自己的幸福，你為什麼痛苦？你應該給予祝福，如果你無

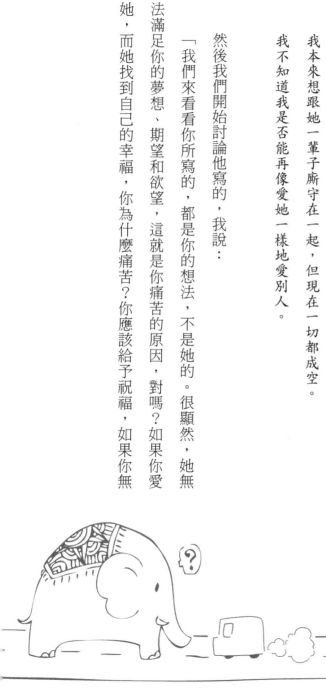

法祝福，那你愛的不是她，而是自己。」

我也曾與一位傷痛的學生談過，她的母親心臟衰竭死亡時，她人還在學校，因此沒有機會向母親道別。她哭了好幾個月，甚至陷入嚴重的抑鬱狀態。她說她很痛苦，不想再這樣下去。安慰她之後，我同樣給她一張紙，請她寫出為何感到痛苦的原因。她寫道：

想到她死前所受的苦，我就心痛。

她在的時候，會陪我談心，聽我訴苦，對我噓寒問暖，還會煮我愛吃的東西。

我真的很想她，我不想失去她。

看完她所寫的，我說：

「從妳所寫的，可以發現妳母親對妳非常疼愛，而這也是妳痛苦的原因，對嗎？因為失去了她，也失去了她給妳的溫暖和關愛。妳其實不是為她，而是為自己感到悲傷。妳心疼母親為疾病所苦，但現在她不再受苦了，妳為什麼難過，妳是在為自己難過，對嗎？」

我了解，當我們失去所愛的人，都會感到心痛與不捨，但是本著一分愛，我們是否應該放手，讓他們帶著祝福，無牽無掛地走向新的旅程？

如果你緊抓著不放，那是因為你放不下自己。

有緣人

——如果「無緣」，你心裡又怎會有他，對嗎？

因為某些原因你和他漸行漸遠，你感慨萬分。

但是，人與人之間的緣分本來就是這樣，有緣起就有緣滅。

人生就像一列火車，有人在這站上車，有人在那站下車。朋友或家人、情人或敵人，都是車上的乘客。只是有人和你同車的時間長些，有些人的時間短些，最終都要分道揚鑣。

原本不認識的陌生人可能變成朋友，曾經感情很好的朋友，也可能因為某些事而疏離。所以要珍惜每次的相遇，因為你根本不知道，錯過這次，你跟他會在哪個時間再次相遇。

有個女孩，無論她走到哪裡總是會有很多朋友，以前的老朋友會掛念她，經常打電話給她，身邊新朋友也總是源源不絕，即使是在路邊邂逅的陌生人，也對她有好感。與她朝夕相處的好朋友好奇地問她為什麼？

「我想應該是我特別珍惜和身邊人的緣分。」女孩說，「念書的時候，我想，和這些本來陌生的人能在一起學習多麼不容易啊，有了這種想法，就不會去計較什麼，也會多關心他們。當我踏入社會，我又覺得和同事、老闆在一起工作也是一種緣分。說不定兩年、三年之後大家又

分開了，這樣想著，我就覺得每個人都像寶貝。」

本來，每個人能在一起都是有緣，即使你討厭的人也一樣，如果「無緣」，你心裡又怎會有他，對嗎？

在因緣際會下，你們搭上同一班車，旅程到了就必須下車，所有的因緣，都只是一生中的一段時間，因緣散滅，他就走向新的旅途。而你，也是別人人生列車上的乘客，請把握同車時間，以免分離時徒留遺憾。

畢竟，大家都曾是「有緣人」，不是嗎？

第一次，最後一面

——把每件事當第一次，把見到的每個人，都當最後一面。

不管做什麼事，與誰相處，時間一久，人很容易失去熱誠，甚至覺得厭煩、無趣。這種現象非常普遍。

我的建議是：把每件事當第一次，把見到的每個人，都當最後一面。

或許這表演你已經演出數十場，這訪談你已做過上百次，試著把它

想像成你的第一次。這門課或許你已經教過多年，但對學生來說這是新的，你要講得既生動又有趣，讓課程更有新意。

介紹產品也一樣，即使同樣的話你已講過上千遍了，但對顧客而言，他還是第一次聽到，你就應該拿出像第一次的熱誠。

有一些人在剛開始的時候非常熱心，他們的模式總是在剛開始的時候非常投入。最常見的例子是，當他們愛上某個人，他們真的很瘋狂、很熱情，但不久就冷卻下來了，他們開始覺得厭煩、變得無趣，然後抱怨、紛爭也從此而生。

我聽說，有許多人都慕名前去求教某個大師。傳說中，這位大師有一種方法，能為人帶來愛與和諧，讓人不再有紛爭。

大師說：「很簡單，你只要記得，每當你見到某個人，或想到任何人，就提醒自己：我快死了，這個人也快死了。如果你能對待每一個人，如同你不會再見到他一般，紛爭就會消失，愛與和諧就會出現。」

這方法我曾一再提到。想想，假如你跟某人是見最後一面，你還會跟他爭鬧、責罵或斤斤計較嗎？

生命是很無常的，在每天如常生活中，看看那個你叫爸媽、孩子、老伴、朋友的人，他們一直都在身邊，但你以為一直都會這樣嗎？世界上層出不窮的天災人禍，即使打錯針、累過頭都可能幾天就死了……

有一次我到很遠的地方出差，順道去看一位朋友，幾年未見兩人相談甚歡，由於正值用餐時間，他再三邀請我留下吃飯，我則因公婉拒：「下次吧！再見！」

他無奈地送我到門口，幾個月後，他死於猛爆性肝炎。再也沒有

「下一次」，永遠也無法「再見」。

所以，每次跟人在一起，都要當成最後一面般地珍惜，不要留下來不及的遺憾，也不要說出會遺憾的話；做每件事時則剛好相反，要當成頭一次般地熱誠，這樣就永遠不可能厭煩、無趣。

回到此刻

——我們的人生處境存在過去或未來，生命則在當下。

你是否看過鴿子走路的樣子？牠走路時，頭會傾前，停住，然後頭往後，再停住，看起來有點滑稽，那是因為鴿子在移動時，牠的眼睛無法對焦，所以牠在每一步之間，必須讓自己的頭完全停住，才能再次對焦。只有那樣走，牠才能看清楚前面的方向。

其實，人跟鴿子一樣也會「失焦」。我們經常在過去、未來之間游

移不定。有人對過去的遭遇憤恨難平，或是後悔曾經做錯了某個決定；有人則擔心未來事情的變化，憂慮將來要做什麼，這都是沒有聚焦。

昨天有人對你無禮，態度粗魯，你一想起就氣，但那是昨天。下星期你要去表演，但那是下星期。也許三天前你被主管訓了一頓，明天你想去找工作，你擔心找的工作不理想……這全是「失焦」，因為沒有一件事和「此刻」有關，對嗎？

要讓失焦的生活變專注，我們需要在每一步之間，暫停一會兒，然後再重新對焦。怎麼做呢？譬如，你發現自己為過去的事懊悔，「為什麼我要答應他？明知道自己還有許多事沒做。」立刻停止，回到此時此刻。

發現自己陷入對未來的煩憂，譬如：「下星期三的面試，不知能否順利？」立刻停止，回到此時此刻。

你可以隨時用「此刻」這兩個字提醒自己，專注在每個當下所做的事，「此刻，我正在讀書……此刻，我正在散步……此刻，我正在上班……此刻，我正在和朋友聊天……此刻，我正在喝咖啡。」

就像禪師說的：如果在吃飯，就專心吃飯；如果在走路，就專心走路……不要再去想別的事。

這故事許多人應該都聽過。蜈蚣原本來去自如，直到有一天，蟾蜍問牠：

「嘿，老兄，你走路時，哪隻腳在前，哪隻腳在後？」

蜈蚣左思右想，自此以後反而不會走路了。

如果你是那隻蜈蚣，這時你應該先笑一笑，向蟾蜍說：「我走路的

時候，只懂得專心走路，哪隻腳在前，哪隻腳在後，都不重要。」

是的，回到此刻，專注在每個當下所做的事，其他的都不重要。

一次只做一件事

——要兼顧全局的唯一辦法，便是專注於眼前的事就好。

在繁忙的工商社會，每天都有許多事情待處理，每個人都有難纏的同事或上司要應付，還有一堆充滿各種無奈和無力的問題要面對。

許多職業婦女，除了工作，還得照顧嗷嗷待哺的小孩，還要花費心思來培養夫妻間的感情。同時兼顧不同角色和職責，經常分身乏術，無法周全。

連以色列唯一的女總理梅厄（Golda Meir）都坦承：「工作時，妳心繫家中子女；在家時，妳又懸念還沒完成的工作。這種掙扎是無法控制的，說來讓人心碎。」

那該怎麼辦呢？

其實很簡單，只要全神貫注做好手邊的事就好。

耶穌在教導生活藝術。馬利亞有而馬大沒有的就是專注。所以，馬大為許多俗事忙碌、分神，結果就被雜亂的思緒及焦慮所煩擾。

耶穌告訴馬大，他心裡有許多事情想做，但只有一件事是必要的，那就是專注於眼前的任務上。（路加福音十章三十八至四十二節）

想像你參加比賽，必須將兩隻相當重的小豬抱到一百公尺遠的地方，如果你先抱起一隻，接著又抱起另一隻，那就永遠沒完了，因為老是有一隻會從你的臂彎裡溜走。

沒錯，不管你有多少事要做，你一次也只能做一件事。

美國第一位女性國務卿歐布萊特在她的暢銷自傳中，提供了一份應做事項清單作為例子，上面寫著：

1. 電赫姆斯參議員
2. 電胡笙國王
3. 電幕沙外長
4. 電眾議院議員們
5. 準備中國會議資料
6. 買脫脂優格

你可以發現，歐布萊特女士，一次也只能做一件事，雖然如此，最後她仍把所有事做好。

她不會把致電赫姆斯參議員的心情，帶到胡笙國王的電話上；而開完有關中國的會議後，肯定也不會把同樣的心情，帶到她購買脫脂優格的超市裡。那就是為什麼她在多年身兼母親、妻子、大學教授、外交官的各種角色上，都能有出色的表現。

其實，不論你從事哪一行，不管你要應付多少事情，要兼顧全局的唯一辦法，便是專注於眼前的事就好。把每一件事當作獨一無二，就好像是你一天中會做的唯一一件事。別把心思放在結果，只管全神貫注做好手邊的事即可，如此一來，結果自會完美呈現。

引自西方諺語：同時追趕兩隻兔子，將一無所獲（If you run after two hares you will catch neither）。

你在不在這裡？

——除了你所在的地方以外，你能夠在哪裡？

此刻，你在這間屋子裡嗎？我指的不是「你的身體」在不在這裡？而是「你」在不在這裡？你正在心無旁騖地讀著這個句子嗎？抑或分了神想著其他的事？

小張正在看書，準備考試。他只讀幾頁，心思早已飛走。雖然眼睛盯著每一個字看，但他的心早已被昨晚的電視劇情，或考完試要去旅遊的事所占去了。

阿芳出國旅遊，然而，人在旅途中，她的心卻飛回來，想著孩子、工作，還有一些生活瑣事。如此難得的美景，她卻沒有融入其中。

這種情況非常普遍。當我們待在家裡和辦公室，就想出去散心；一旦到了外頭，又開始想著家裡和辦公室的事。每個人就是這樣錯過了當下。我們常把工作上的問題帶回家，因而沒有好好享受家庭生活；然後又把家裡的問題帶到外面，到了外面又無法盡情享受。

就像一行禪師說的：「我們缺乏寧靜的心境，我們的身體在這裡，可是心卻在別處——迷失在過去或未來中，被煩惱、沮喪、希望及夢想所占據。」

想像你到某處風景優美的地方，然後你開始去想自己生活裡的麻煩

事，那麼突然間，你看不見溪水、嗅不到花香、感覺不到微風，那樣又怎麼可能感受到歡喜快樂？

週末，有個同事約我喝咖啡，說是要出來放鬆一下。坐定後，我注意到他的眉宇間因為憂慮而起了皺紋。接著他一臉沮喪地訴說著工作上的負擔和不快，還牢騷滿腹地抱怨太太，問題一籮筐。

「我知道你最近不順心，但是，你現在在哪裡？」我插嘴打斷他。

「什麼？」他回過神，看著我。「我現在坐在這裡啊！」

「對，」我說，「這裡有任何困擾你的問題嗎？」

我想提醒他，雖然他有一堆問題，但在此時此刻，在咖啡館裡，並沒有難題困擾他。

負面情緒只能和過去、和未來發生關聯，而此時此刻，我們根本沒什麼事情可想。可想的，都是已經發生過的事，或者未來可能發生的事，不是嗎？在此時此地，如果你很全然地處在當下，你會得到全然的放鬆、愉悅。如果你被什麼事困擾，那一定是你沒有全然地處在你所在的地方。

「你在不在這裡？」這個問題可以幫我們回到當下。我們的人生處境存在過去或未來，生命則在當下。所以忘卻你的人生處境，快回到當下吧！

除了你所在的地方以外，你能夠在哪裡？

好好把握當下

——過去是記憶，未來是想像，只有當下這一刻才是真實的。

這是一則流傳已久的故事。

曾有一個哲學家，在經過希臘的一個遠古廢墟時，他累了，於是坐在一塊石頭上歇息。望著這一片歷史的廢墟，哲學家禁不住感慨萬千連聲嘆息，忽然，有人說：「你感嘆什麼呢？」

哲學家四下張望，卻沒有看到半個人影。這時，那聲音又對他說：

「不要張望，我就被你坐在身下。」哲學家聽了，立刻跳起來，對著自己剛才坐的地方看了又看，只有一個幾乎被灰沙埋沒的石塊，其餘什麼也沒有。

那個聲音笑著說：「我在這兒呢，我就是這塊石頭，你把淹沒我的那些泥土扒開就能看到我了。」哲學家按照吩咐，扒開了石頭周圍的那些泥土一看，那個石頭原來是一尊神像，但令人奇怪的是，這尊神像有一前一後兩個面孔。正在這時，這尊神像說話了：「你看見我有兩張臉，一定感到很奇怪吧？其實，沒有什麼奇怪的，因為我是『雙面神』。」

哲學家還是很驚奇，問那尊石像說：「你為什麼要有兩個面孔呢？」那尊石像得意地說：「這你就不懂了，我的一張臉可以看見過

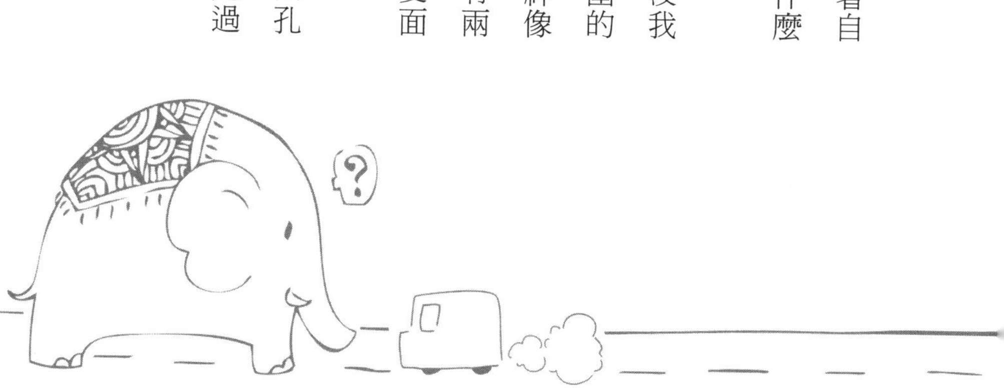

去，另一張臉可以展望未來。」

「過去和未來？」哲學家沉思了一下問，「那麼現在呢？你能看見嗎？」石像不屑地說：「看過去，可以回憶起許多美好的事情；展望未來，可以幻想和憧憬將來許多美好的事情。這多好啊，然而現在又有什麼呢？」

哲學家一聽，笑了說：「現在，你的身旁綻開著一朵花，它那麼的美麗、那麼的芬芳，你能感受到嗎？」石像搖了搖頭。哲學家又說：「現在，有一縷清風從你的臉上輕輕拂過，它是那麼的柔和、那麼的清爽，你能感覺到嗎？」石像聽了，又惆悵地搖了搖頭。

哲學家惋惜地說：「你說，只有過去和未來，而不能擁有現在，有什麼可以稱道的呢？」

那尊石像一聽，頓時哭了說：「原來我只活在夢中，一切都是虛無，什麼也不能得到啊！」

是的，過去很美好，可是那已經結束了，那些累積在你記憶裡的美麗山水都已經過去；而未來則尚未到來，那些你所夢想的飛黃騰達都是虛幻的，只有眼前這一刻才是真實的。

套句愛爾蘭的俗話：「現在的一件好事，勝過以前的兩件好事，以及可能不會發生的三件好事。」

好好把握當下吧，就是現在！

觀，感

——生命中所有的美好都不是看到或聽到的，而是感受到的。

人到了一定年紀，似乎都有同樣的感慨：時間怎麼越過越快。卻很少人想過是否是因為我們感受的時間越來越倉促。

你有多久沒有聆聽早晨的鳥鳴，佇足欣賞樹梢上的嫩芽？有多久沒看草上的露珠，雨後的山巒，鳥兒翱翔，或觀賞過急流上跳躍的月光？匆忙讓人陷入盲與茫，那就是為什麼日子一天天從我們身邊流逝，而我們對它卻渾然不覺。

如果你心中沒有任何感動，又怎麼可能感受到生命的美好？

生活不只需要「觀」，更需要去「感」。你可以試試看，坐在一棵樹旁邊，觸碰那棵樹的樹皮，閉起你的眼睛，去感覺樹木的生命。當你感覺到樹木在你裡面，你將會立刻覺得更年輕、更新鮮。

注視著天空，然後閉起眼睛，感覺天空在你裡面；當你在洗臉時，把步調放慢，去感受水滋潤皮膚的感覺；當你上床睡覺時，去感覺被單的柔軟以及黑夜的寧靜。

生命中所有的美好都不是看到或聽到的，而是感受到的。

感受是本性的甦醒，就像當你的手臂或腿麻木後，再度恢復知覺的情形一樣。隨著你的感受越來越深，越來越充滿喜樂，你開始像花一樣

綻放開來，你就會領悟蘇東坡詩中：「無一物中無盡藏，有花有月有樓臺」的禪機。

是羅丹說的吧，「美到處都有，對於我們的眼睛，不是缺少美，而是缺少發現。」縱然你到全世界去尋找美，若沒將自己帶去，是永遠找不到的。

多愁，善感

——善感是好的，多愁卻是不必要的。

善感好嗎？

有人覺得善感不好，因為善感容易讓人傷心難過，沒有感覺的人就不會那麼痛苦。但善感也會產生美好感受，沒有感覺的人就不可能領會。

長期昏迷的人，當他奇蹟般甦醒過來，過去的幾十年，對他而言，

是一片空白，他沒有任何感覺，也等於是白活了。

人到這世界上本來就是來體驗的，不管我們這一瞬間的生命是什麼樣子，我們都應該去感受。要是我們在氣惱，我們必須去感受這個氣惱；要是我們在害怕，我們必須去感受這個害怕；要是我們在傷心，我們就必須去感受這個傷心。當內心的聲音被聽到或感受到，人自然會平靜下來；有人覺得心更亂，那是自己的想法造成的。

人們常說「多愁善感」，以為善感的人總是多愁，這認知並不正確。善感是來自於心，多愁是來自頭腦。這在前一本書我已經提過。（請參考《其實，我們都陷在執著的觀念上》）

頭腦總是去計算、區分、分析、比較、判斷；而心，只是想把感覺和感情放進去。

頭腦總看別人，心則來自自己的內在；
頭腦總想要得到更多，心只想要給得更多；
頭腦會不斷地將你拉回過去或帶向未來，心只活在當下。

所以，善感不等於多愁。多愁的人喜歡想東想西，那是因為不了解，所以才會不斷地思索，如果你已經了解，你還需要去想嗎？當了解產生，思考就會消失。就好比你在黑暗中摸索，當燈打亮，就不必摸索，因為你已經看見了。

如果我在黑暗中走路，我必須思考：「哪裡有障礙物，路要怎麼走？」但是如果我看得見，有什麼好想的？一切都很清楚，我還需要去想該怎麼走嗎？

善感是好的，多愁卻是不必要的。

如果鳥兒唱起歌來，善感的人內心也會有歌聲在迴響；如果有人傷心，他也能感同身受而心生悲憫。善感的人會比較多憂愁嗎？不，當你完全融入某個人事物的時候，你就消失了。那是誰在憂愁呢？

其實一切都在

——若冬天已至，春天還會遙遠嗎？

當太陽被烏雲遮住時，它並沒有減少光亮，它還是一樣。不管有雲無雲，太陽一直都在那裡發光發亮。

當你身處黑暗時，並不是你比別人少了些什麼東西，你覺得人生暗淡無光，那是因為你把注意力放在烏雲，因為照在你身上和別人身上的陽光是一樣的。

有一名男子生意失敗，又和妻子離婚，唯一的兒子又不幸發生車禍。他幾乎經歷了所有人生的不順遂。好幾年，他始終無法擺脫心中的沮喪，便到山中某間禪寺小住。

這間禪寺風景清幽，四周竹林環繞，遠望能見群山峻嶺，仔細聆聽，還能聽見蟲鳴鳥叫，甚至遠處的瀑布聲。

儘管環境如此，但男子住了一陣子，煩惱仍如影隨形。更讓他感到奇怪的是，老禪師始終沒有跟他說些什麼，更別說對他加以開示了。

某天夜晚，山區下起豪雨。一向惜字如金的老禪師突然走到男子身邊，對他說：「你到外面看看，告訴我你看見什麼、聽見什麼。」

男子到外頭轉了一圈，回到禪寺後，禪師問他：「你有看到竹林、山巔嗎？」

「沒有，太黑了，我什麼都看不到。」男子說。

「所以什麼都沒有嗎？」禪師再次問。

「是的。」男子答。

禪師微笑地說：「不，不是什麼都沒有。外頭有竹林、群山、瀑布……其實一切都在。」男子聽了恍然大悟。

外在的黑暗並不可怕，可怕的是內心失去了光亮，那才是最需要克服的。黎明並沒有離得很遠，但是在你到達黎明之前，必須先經歷黑暗。在接近黎明的時候，黑夜會變得更暗。然而每個從黑夜走來的明天，都將會看到陽光再現。

引自詩人雪萊的話：「若冬天已至，春天還會遙遠嗎？」是的，當春天到來，你就會發現，其實一切都在。

用更高的視野看問題

——人們煩惱、迷惑，實因看得太近，而又想得太多。

我習慣在書桌和辦公桌上擺著世界地圖，一來可以讓我用較大的格局和視野來思考問題，另一個用意則是提醒自己，不要把事情看的太嚴重。

如果你去看世界地圖，你會發現某些你知道的大城市、山脈、河流都會從地圖上消失；如果你看的是某個國家的地圖，那麼許多世界地圖上沒有的城市、山脈、河流又會出現；如果你看的是一個省分或縣市的地圖，那麼出現的就會更多；而如果你看的是一個城市的地圖，又有更多事物會出現。

人的視野越寬，相對問題就越少；生活圈越小，問題就越多。如果你每天圍繞著同樣的人事物，「剪不斷理還亂」，反而跳脫不出來。怪不得人常有「逃離」的衝動。

許多人喜歡旅行，些許都跟這種心理需求有關。當你看見世界之大，有各種新奇的人、事、物在地球的彼端發生，見多識廣，也就不再斤斤計較，與人為敵。

法國作家羅曼・羅蘭說：「人們煩惱、迷惑，實因看得太近，而又想得太多。」

我完全同意。所以，我喜歡爬山，尤其在人生遭遇困頓、面臨關卡的時候，在大山大水之中，就不會把自己局限在小格局裡。

欣賞美好的事物時，我們需要融入其中，才能有心靈愉悅和感動；相反的，當你遇到難題、痛苦、焦慮、執著，需要的是「跳脫」，把自己抽離出來，才能用更高的視野去看問題。

想像一下，你走在市區的路上，走到某個街角，突然有個人直衝出來，他撞到了你，卻頭也不回地繼續往前走。碰到這種情形，任誰都會生氣。現在換個高度，想像你從某個高樓看到了這一幕。你看到兩個人擦撞，你還看到路上來往的行人，看到川流不息的汽機車，看到到處都是房子，遠處有個公園或工廠，看到遠方的山和河床。當你越看越遠，再回頭看剛剛那個小意外，是不是變得無足輕重了呢？

人是那麼的渺小，把一幅世界地圖拿出來，你能指出你所居住的城鎮在哪裡嗎？即使能指出來那也是很小的地方，對嗎？大城市只是一個很小的點，現在在地圖裡面找找看，你能找出你家在哪裡嗎？你能指出你在哪裡嗎？

人真的是夠小了，看看廣大的世界，想想你的問題，你不覺得自己把一些小事都看得太嚴重了嗎？

只要有悠閒的心

——人生就像溜冰，要溜得好就必須學會轉彎和煞車。

庭庭和爸爸坐在公園的大樹下餵鴿子，涼風從樹梢間穿入，樹影婆娑，雖然是夏日午後，也感到十分涼爽。

爸爸對庭庭說：「如果能像樹那樣悠閒，整天讓涼風吹拂，多好啊！」

庭庭說：「爸爸，你錯了，樹其實是非常忙碌的。」

「怎麼說？」

庭庭說：「樹的根要深入地裡，吸收水分，樹的葉子要和陽光進行光合作用，整棵樹都要不斷地吸入二氧化碳，吐出氧氣，樹是很忙的呀！」

停了一會兒，庭庭接著說：「你看，地上的鴿子好像很悠閒地在踱步，其實鴿子是在覓食，牠也是很忙的。當我把玉米撒在地上的時候，悠閒的鴿子就忙碌起來了。」

爸爸說：「對啊！如果我們有悠閒的心，那麼所有忙碌的事情都可以用悠閒的態度來完成。」

美好的人生並不是指沒有問題產生，而是指你選擇何種態度來面對問題。

人若要隨時擁有好心情，就要懂得忙裡偷閒，從容過日子。

一位朋友到巴黎鄉下旅行，有一天下午，他想到商店買些東西，卻發現那裡的商店門都關上了，後來問過當地人才知道，原來他們去享受下午茶。

法國人習慣在下午喝杯茶或咖啡，他們叫一杯飲料，就可以在露天咖啡座泡上大半天，有的閉目養神，有的翻閱雜誌，有的聊天兼享受日光浴……讓人體認到「氣定神閒的自若，當下即是的安然」。

我想起張潮在《幽夢影》一書中論閒說：「人莫樂於閒，非無所事事之謂也。」閒則能讀書，閒則能遊名勝，閒則能品茗，閒則能交益友，閒則能安適情緒。人生之樂，莫過於此。

你最近忙嗎？別忘了，所有忙碌的事情都可以用悠閒的態度來完成。

領悟

——情緒來來去去，如果你不刻意抓住，它是無法久留的。

假如你曾經消沉過，我想你一定也聽過無數次來自好心人的建議，要你多往好處想，要你樂觀積極，要你想開一點。

但是有用嗎？問題並不是發生在他們身上，所以別人很難了解，一個失意的人根本不可能積極地思考，這是很不容易的。你也知道要往好處想，但就是做不到，對嗎？

你思想，而你又用思想來反對思想，那個用來反對思想的也是思想，你有跳出思想嗎？你並沒有，你可以否定你的想法，但否定的人是誰？這否定的想法仍然來自你，你只是在一個惡性循環裡打轉，但你還是走不出來。

有位樵夫心情不好，他上山砍柴，不經意地看見一隻從未見過的動物，於是他上前問：「你到底是誰？」那動物開口說：「我叫『領悟』。」

樵夫心想：「我就是缺少『領悟』啊！把牠捉回去算了！」這時，「領悟」說：「你現在想捉我嗎？」

樵夫嚇了一跳，「我心裡想的事牠都知道！那麼我不妨裝出一副不在意的模樣，趁牠不注意時趕緊捉住牠！」結果「領悟」又對他說：

「你現在又想假裝成不在意的模樣來欺騙我，等我不注意時，將我捉住。」

樵夫的心事都被「領悟」看穿，所以很生氣，「真是可惡！為什麼牠都能知道我在想什麼呢？」誰知，這種想法馬上又被「領悟」發現。牠又開口：「你因為沒有捉住我而生氣吧！」

於是，樵夫從內心檢討，「我心中所想的事，完全被『領悟』看清。我應該把牠忘記，專心砍柴。我本來就是為了砍柴才來到山上的，我實在不應該想太多。」樵夫想到這裡，就揮起斧頭，用心地砍柴。

一不小心，斧頭掉下來，卻意外地壓在「領悟」上面，「領悟」立刻被樵夫捉住了。

現在試試看，不要去排斥，讓那些心情存在，然後看看會發生什

麼。

你將會發現，你無法永遠保持同一個心情。原本情緒就是來來去去的，如果你不刻意抓住，它是無法久留的；如果你專心在手上的事，它很快就會消失無蹤。

你也領悟了嗎？

借錢，送錢

——把錢借出去，錢和朋友都會失去。

你有沒有借別人錢的經驗？我有過許多次，甚至還曾為此困擾過，後來我改變了想法，這煩惱也就沒了。

我的方法很簡單，就是把「借」錢，改成「送」錢。沒錯，只要把錢借出，我就把它當作送給那個人。

這算哪門子方法？不，這可是我多年來被「賴帳」，體會出來的經

驗談。

各位想想看，會跟你借錢的人，不就是因為「沒錢」才借，要還錢本來就不容易。所以，我從不指望他們還，我知道如果他們沒錢還，見面一定會覺得不好意思；如果有錢卻不還，一定會避不見面。與其如此，乾脆把「借」改成「送」。當然，如果你覺得「不值得送」，那也就「不值得借」。

借出錢收不回來，是件不愉快的事，向人催討更不愉快，尤其講起話來拐彎抹角的，以前是人家求你，現在反過來變成你在求人；如果硬要催逼，也許能要回來，但討回了錢，卻失掉情誼。最壞的情況，就像英國劇作家莎士比亞說的：「把錢借出去，錢和朋友都會失去。」何必呢？

為了避免這種情況發生，我的建議是：如果你捨不得送，那就別借，免得錢和朋友都失去。

或許有人擔心這樣做會不會不夠朋友？關於這點，那得看你對朋友的定義是什麼？

引述德國哲學家叔本華的話：「一個人通常不會因拒絕借錢給人家而失去朋友，而是因借錢給人家才會失去朋友。」如果你不借錢，對方就不當你是朋友，那你們本來也不算是什麼朋友。

借出錢就像借出感情一樣，如果還錢，是失而復得。那要恭喜，你沒看錯人。

反過來，當有人願意把錢或東西借你，等於是送出一份「信任」的禮物。他是如此信任你、相信你，也請你別讓人失望。

何必聽別人的呢？

——為什麼我們的幸福要取決於別人腦袋的想法？

有位學弟跑來問我，他想換房子，親友建議他買透天，但他覺得大樓比較適合自己，想聽聽我的意見。

我說：這還用說嘛！當然要買適合自己的，因為每天住在裡面的人是你，掏腰包的人也是你，何必聽別人的呢？

不久前，有個讀者寫信問我說她是否該結婚，因為周遭的人常催促她，而她自己卻很徬徨，不知該怎麼做？

那是你的選擇，我無權干涉。我告訴她：沒有人可以以任何方式干涉其他人的生活，也沒有人應該允許其他人來干涉自己的生活。

我覺得有些人真的很奇怪，自己婚姻經營得或許也不怎麼樣，卻老替人著急。假如某人一直沒結婚，他們會擔心地問：「你怎麼還不趕快結婚？」然而，你以為結了婚就沒事了嗎？那你就錯了，等你結了婚，他們又會問你：「什麼時候要生小孩？」

這下你怎麼辦？所以，不管你選擇結婚或單身，生不生小孩，不必管別人怎麼說，你自己是否覺得美滿或需要才是重點。

沒有人能夠真正了解別人，也沒有人能夠替別人安排幸福。每個人的需求都不相同，你的需要不一定就是別人的需要。相對的，別人的需

要不一定就是你的需要。何必聽別人的呢？

有個男子存了好幾年的錢，決定買一間屬於自己的房子。經過幾個月辛苦地看屋，他終於看到喜歡的房子——是一間座落在郊區的中古別墅。在下決定前，他徵詢了幾個朋友的看法。

第一個朋友說：「太貴了，那邊的房價根本沒這麼高！」

第二個朋友說：「據說那房子的建材不好，千萬別買！」

第三個朋友說：「那裡的交通不方便，你要考慮清楚！」

甚至還有人說：「你看著吧！那間房子不管再幾年，都會荒廢在那裡，沒有人會買的！如果你過幾年再跟屋主談價，一定能用更低的價錢買到。」

男子動搖了，決定放棄。他繼續四處看屋，卻始終沒有看到喜歡的房子。

過了一陣子，男子剛好開車經過，看見了那棟他一度心動想要買的房子。讓他意外的是，那棟房子不但沒有荒廢，還被重新整修、粉刷了，原本長滿雜草的院子，現在也種著各式各樣美麗的花朵。

他好奇地來到屋前，恰巧遇到在澆花的屋主。

男子試探地開口：「你這房子真漂亮！」

屋主說：「是啊！當初我花了好一番功夫整修呢！」

男子又問：「當初沒有人勸你不要買嗎？」

「大家都這麼勸我呢！」屋主回答。

「那你為什麼還敢買？」男子又問。

屋主反問男子：「如果我買到壞房子，是我難過，還是其他人難

過？」

「又不是別人的房子，當然是你難過。」男子說。

屋主又問：「如果我買到好房子，是我高興，還是其他人高興？」

「房子是你的，應該是你比較高興吧！」

「那就對啦！」屋主笑著說，「既然這樣，我又何必要聽別人的呢？」

美國詩人哲學家愛默生（Emerson）曾提出這樣的疑問：「為什麼我們的幸福要取決於別人腦袋的想法？」

最了解你的，除了自己還有誰？是啊，為什麼你要讓別人牽著鼻子走呢？

生命決定權

——人活著並不是因為有生命，而是因為有希望。

幾個月前，一通朋友打來的電話讓我難過不已——醫生宣布他得了癌症，而且已是末期。我雖在電話裡不斷安慰他，但掛斷電話之後，心裡仍久久無法釋懷。我一直想著這個和我年紀差不多的朋友，他要怎麼面對。

幾天後，他和妻子一起來找我，見到他一臉憔悴，兩眼無神，我真

的很擔心。因為經驗告訴我，病人可以瘦削，可以虛弱，但是一旦眼神失去了生命的光采，就會失去一切。

他不安地問：「你看我還能活多久？」

我告訴他：「我不知道，沒有人可以決定你的生死，包含我也一樣。但你有權決定自己要怎麼活，或是怎麼結束。」

我認識一個病人，醫生告訴她只剩一年可活，所以她下定決心，只要還有一口氣就要盡力去活。儘管親友既震驚又反對，她仍然到世界各地旅遊、玩樂。或許是死神一直找不到她吧，現在她已多活了好幾年。

她的哲學是：「你可以忙著活下去，或是忙著死掉。」決定權在你。

另有一個癌症病人，他想用自己最後的時間去圓他尚未實現的多個夢想，結果他居然一個一個地把那些夢想全實現了。

後來他告訴別人：「我真的無法想像，要不是這場病，我的人生會是多麼的糟糕。是它提醒了我，去做自己想做的事，去實現自己想實現的夢想。現在我才體會到什麼是真正的生命和人生的價值。」

死亡的逼進，反而讓人活出生命。不管你還有多久，也許只剩一年的壽命。只要還活在這個世界上，即使只剩一天，也應該替自己找個理由好好活下去。

一位婦女結婚快二十年，有一天發現丈夫外遇，且把房子全部抵押借錢。

離婚後，一度想自殺的她開始寫筆記，想著自己如果此刻結束生命，還有什麼沒完成。後來，她在筆記上寫著「我四十五歲要結束生

命，在此之前，我要出六本圖畫書。」

完成後，她的心情反而好了起來，因為她知道自己未來要走的路了。

人活著並不是因為有生命，而是因為有希望。希望是我們唯一的生命，有了希望，生命就充滿任何可能。

最後想要什麼？

——請為這道想像題做一個回答，這會讓你對人生有新的認識。

人一輩子不斷在追求，總是想要這，想要那，但你想過自己「最後想要」的是什麼嗎？

曾讀到一篇文章：

如果給你一個想像題：在你生命最終時，你「最後想要」的是什麼？

文章中寫道，有個懷孕五個月的媽媽，冒著骨癌的危險，打算生下孩子。在她生產前最後一次航海旅程中，她遭遇海難。在生命危急之時，她禱告著：「上帝！我不再跟祢要求什麼了，只求祢讓我的孩子活下去。」

還有一位學者，他抗癌多年，癌細胞奔竄在他的血液裡、肝肺臟裡、骨髓裡、腦子裡。他想：「所有的名利，現在對我來說都是可笑的事情。如果能夠，我願平平靜靜地過日子，寫寫東西，看我的孫女長大，帶她上學。」

當人們健康平安，一切順利時，往往對死亡問題不聞不問，直到遭遇了意外、大地震、大災難，或得了重病，才懂得思考這個問題，以及看出什麼才是最重要的事。

從事醫療工作，我看過的意外比一般人多，有在加護病房垂死掙扎的；有在事業巔峰突然倒下的；有白髮送黑髮的；有臍帶相連的心肝寶貝撒手而去的……

我發現，當生命將終了，人們所說的，全都是對親友的不捨，完全未提到平日那些別人羨慕和引以為傲的東西。它們，原來是可有可無的！

那些平常自己最難分難捨的重要資產，竟然在最後的道別裡，完全沒有它們的位置。到最後才看清什麼是最重要的，和體會到什麼叫「身外之物」。

所以，別淨是鑽營著要如何升遷、加薪、買大房子。試想，如果某天你發現自己得了重病，或是發現身上有個腫瘤，這些東西還有那麼重

要嗎？

你「最後想要」的是什麼？請為這道想像題做一個回答，這會讓你對人生有新的認識。

比你苦的人多的是

——我哭我沒鞋，有一天我遇見一個人，他卻沒有腳。

每當我聽到有人嘆息說自己命苦，我總會問：「那要看你跟誰比？」

也許你覺得工作太累，或因無法升遷而懊惱，但有人連工作都沒有；也許你抱怨父母或伴侶不常陪你，但有人父母或伴侶離異，甚至已不在人世；也許你抱怨沒有漂亮的鞋子，但有的人連腳都沒有。

一位雙腿殘障的人埋怨上帝對他不公平，給了他富裕的生活和俊秀的外貌，卻沒有賜給他健全的四肢，於是到天堂來找上帝理論。

上帝為他介紹了一個朋友，這個人因車禍而死，剛到天堂不久。他對殘障者說：「珍惜吧！至少你還活著。」

又有一個官場失意的人抱怨上帝偏心，好友們個個飛黃騰達，自己年紀一大把卻還是個小職員。上帝便介紹那位雙腿殘障的人給他，殘障者說：「珍惜吧！至少你還健康。」

另一位年輕人工作很不順遂，總認為自己沒有得到賞識，於是上帝又把那位官場失意的人介紹給他，那人對年輕人說：「珍惜吧！至少你還年輕。」

人總看到自己沒有的，卻忘了自己擁有的；總是只看到別人好的一面，卻忘了他們也有挫敗與痛苦。所以，每當有人遇到麻煩、怨天尤人時，我會建議他們到醫院走走。

當你為了一些病痛或煩惱自憐時，去看看醫院裡的重症病人他們怎麼活；當你抱怨養兒育女的辛勞時，去聽聽那些不孕夫婦是怎麼說的；當你為臉上的雀斑和青春痘而煩惱時，去想想那些臉部燒傷的人怎麼辦？

引自作家梭羅的話：「你想逃避你的不幸，但你若知道別人承受的苦難，你就不會再抱怨。」

有一天，素有森林之王之稱的獅子，來到了天神面前。

「我很感謝您賜給我如此雄壯威武的體格、如此強大無比的力氣，讓我有足夠的能力統治這整座森林。」

天神聽了，微笑地問：「但這不是你今天來找我的目的吧！看起來你似乎為了某事而困擾呢！」

獅子輕輕吼了一聲，說：「天神真是了解我啊！我今天來的確是有事相求。因為儘管我的能力再好，但是每天雞鳴的時候，我總是會被雞鳴聲給嚇醒。神啊！祈求您，再賜給我一個力量，讓我不再被雞鳴聲給嚇醒吧！」

天神笑道：「你去找大象吧，他會給你一個滿意的答覆的。」

獅子興沖沖地跑到湖邊找大象，還沒見到大象，就聽到大象跺腳所發出的「砰砰」響聲。獅子加速跑向大象，卻看到大象正氣呼呼地直跺腳。

獅子問大象：「你幹嘛發這麼大的脾氣？」

大象拚命搖晃著大耳朵，吼著：「有隻討厭的小蚊子，總想鑽進我的耳朵裡，害我都快癢死了。」

獅子離開了大象，心裡暗暗想著：「原來體型這麼巨大的大象，還會怕那麼瘦小的蚊子，那我還有什麼好抱怨的呢？畢竟雞鳴也不過一天一次，而蚊子卻是無時無刻騷擾著大象。這樣想來，我可比他幸運多了，不是嗎？」

有時候你會發現，當你多看多聽之後，自己生活中的苦就不再是苦了，因為比你苦的人還多的是。

沒錯，就看你跟誰比。

快樂不需要理由

——想要快樂，現在你就可以快樂，這還需要理由嗎？

痛苦都有原因，但快樂是沒有原因的。你可以回答你為什麼痛苦？但是你無法回答你為什麼快樂？因為如果你的快樂是有原因的，那你一定經常不快樂。

當某人生病時，你可以問：「你為什麼生病？」因為生病是有原因的，但如果某人是健康的，你不能問他：「你為什麼健康？」這問題是愚蠢的，他本來就是健康的。

當某人生氣時，你可以問：「你為什麼生氣？」但如果他沒有生氣，你不能問他：「你為什麼沒生氣？有什麼好讓你沒生氣的？」

如果有人煩惱，你可以問他：「你為什麼煩惱？」但如果有人感到快樂，你不能問他：「你為什麼快樂？有什麼好讓你快樂的？」這問題是無知的。

你見過小孩毫無理由地，只是跑跳、遊戲就非常快樂嗎？如果你問他：「你為什麼這麼快樂？」他將無法回答你。「快樂需要理由嗎？」

你本來就可以快樂，但你為什麼不快樂呢？因為你認為「快樂」需要某些理由，比方「解決某個難題」、「改善某個關係」、「得到某個東西」，或應該要有什麼「特別值得高興的事」才能覺得快樂，這就是

你一直不快樂的原因，不是嗎？

如果你了解的話，就不會給快樂定出那麼多條件，那是愚蠢的。問題不在於去達成什麼事，而在於你是否能放下那些「理想和目標」。

快樂是本性。一個真正快樂的人，不用任何原因、理由，就能很欣喜、很滿足、很享受。就像有句俗話說：「鳥兒不是因為得到什麼才鳴唱，牠唱乃是因為牠有歌。」

想要快樂，現在你就可以快樂，這還需要什麼理由嗎？

什麼才是真正的目的？

——記住，你為什麼而做，比你做什麼重要。

人常給自己定目標，卻很少思考真正要的是什麼？

比方，我們會為自己設定幾歲要完成某個理想、達到某個成就、賺到多少錢，但你是否想過，你真正要的是什麼？

你想賺更多錢，你想買一棟房子，是不是想擁有更安定、舒適、美滿的生活？然而，當你賺更多錢，或買到房子後，是否有達到這個目

的，這問題你想過嗎？

曾經有個年輕人為了讓父母妻兒擁有舒適安定的生活，貸款買下一間房子。但緊接而來的房貸壓力卻使他疲於奔命，家裡財務也捉襟見肘。結果，無法挪出旅費供父母回大陸探親，無法讓妻子一償蜜月旅行的願望，也沒時間陪家人和孩子……

他給自己的目標是，在十年內要還清貸款，然而，父母等不到還完房貸就去世了，妻子無法忍受他而離去，孩子更因為疏於管教而被送進少年感化院，甚至連他自己的健康也被拖垮了……

這就是只看目標，卻忘了目的。再如，我們出去旅遊，目的是放鬆心情，結果有人為了趕時間，反而造成緊張壓力；我們回家探望父母或孩子，目的是連繫感情，但有人卻為了些小事發怒，反而傷害情感，這都是忘了目的。

「什麼才是真正的目的？」這是我們必須經常提醒自己的。「我真正想要的是幸福快樂。」、「我真正想要的是，讓他感受到我的愛。」、「我真正想要的是讓他開心。」……把目的牢記住。

我聽說，有個中年人，平時忙於工作，沒空陪他的兒子而感到內疚。

有一天他下定決心，安排好某個週六下午的空檔，買了兩張球賽的門票，準備好好陪陪兒子！

時間到了，他和兒子快快樂樂開車出門，但很不幸的，居然碰上了大塞車！眼看球賽已經開始，他們的車還塞在半路上動彈不得，兩人在車內便開始抱怨起來。忽然，他想起來：「我安排今天的空檔，目的

不是陪兒子嗎？而現在我不是正和兒子在一起嗎？那我又何必在乎那場球賽呢？」於是他開始放下生氣的情緒，和他的兒子愉快地聊了一個下午。

記住，你為什麼而做，比你做什麼重要。千萬不要為了達成目標而忘了真正的目的，那就本末倒置了。

你在等什麼？

——其實，每一天都是你的生命，為什麼現在不能快樂，要等以後？

「等有一天……我就會快樂。」

你常說這句話嗎？你是否等待新生活的展開？如果是，我想你一定經常不快樂。

有人說：「等我賺五百萬」、「等我晉升時」、「等我找到更好的工作」……這表示什麼？等待只表示此刻的你是不快樂的。因為如果你

已經是快樂的，就不需要等待了。

有人認為快樂之前，必須先找到工作、找到伴侶，這聽起來似乎很合理，沒有工作和伴侶你怎麼能夠快樂？但是你去看看那些有工作和伴侶的人，他們都很快樂嗎？

有人認為在快樂之前，必須先拿到文憑，必須先有錢或換個房子，但是你沒注意到嗎？這個世界上有多少人住在豪宅，財產成千上億，或擁有高學歷、高地位，卻成天悶悶不樂。

有人認為要等病好了才快樂，這聽起來很有道理，沒有健康的身體，怎麼快樂？但是你去看那些健康的人是不是都很快樂？並沒有，對嗎？快樂與否是決定在你自己。

有位愁眉不展的病人告訴我：「等我病好了，我才會快樂。」

我告訴她：「妳應該先快樂起來，病情才會好轉。」

一個人如果非等到一切都周全了，才願意快樂；非等到病痛都消失了，才要歡喜，只怕那天還沒等到，命都沒了。

一行禪師說得對：「我們總是不能活在當下，我們習慣於推向遙遠的、不可知的未來。如果現在這一刻不能好好地活，那麼我們可能終其一生都不曾好好地活。」

所以，現在就快樂起來！你不需要等病好了才快樂，不需要等關係改善了才快樂。快樂不需要等待。做為一個學生，你不用等到畢業後才快樂；做為一個單身漢，你不用等到結了婚才來享受人生或生活樂趣。

不要說：「等我找到對象，等我減掉十公斤，等我考上學校，等我把工作完成，我就會快樂。」為何要將快樂延到以後呢？完成一件工

作、閱讀一篇文章、美味的食物、醇厚的友誼，甚至洗完今天的衣服，也能帶給你快樂，不是嗎？

沒有哪一天是「總有一天」；今天是一去永不復返的一天，如果我們非要等到明天才快樂，就會錯過今日的美好。

其實，每一天都是你的生命，為什麼現在不能快樂，要等以後？

人生是一種選擇

——別再說：「我覺得不快樂。」
你應該反問自己：「為什麼我選擇不快樂？」

有讀者寫信來問我，她說：「你的書都說人要快樂，可是這個世界上，有快樂就一定有痛苦，痛苦明明就存在呀！」

我告訴她，沒錯，快樂和痛苦都存在，但是別忘了，妳有選擇權。

人每天醒著的時候都存在選擇，不只如此，其實任何時刻都存在著選擇。你可以選擇要痛苦、還是快樂；選擇積極或消極、生氣或釋懷、

愛或恨……

就像一張畫布，若選擇一個陰鬱的色調作底色，整幅畫便給人憂傷的感受。如果你不喜歡，你也可以換鮮明亮麗的色調，那是你的自由。

就在幾天前，我準備開車去參加一個聚餐，到了停車場，卻發現車子的保險桿被撞凹了。

當時我就在想，我要讓這個突發事件破壞我的餐會嗎？我要讓這件事毀掉我的快樂嗎？不！我立刻做了選擇。

你可能遇到一些不如意的事，或者面臨極艱難的問題，你有很好的理由讓自己不快樂。但是一直不快樂並不能讓情況好轉；負面消極或者怨天尤人也不會對事情有所幫助。

引自哲人卡斯特納達的話：「我們不是讓自己活得悲慘，就是讓自己活得堅強。兩者所花的力量是一樣的。」

人活在痛苦中，並不是命定要活在痛苦中，而是我們忘了自己握有選擇權。這就彷彿一個人被關在某處，口袋裡雖有鑰匙，卻不會用鑰匙開門。

一旦你知道自己有選擇的自由，你就可以拿回主控權。因此，如果你選擇深陷痛苦，那就去吧！但是要記住，這是你自找的，別抱怨，你要為此負責。

當你悲傷或生氣時，不要再埋怨是某人或某事讓你這樣的，你要反過來問自己：「我為何選擇經歷那種感覺或以那種方式反應？」

當你不快樂時，別再說：「我覺得不快樂。」你應該反問自己：「為什麼我選擇不快樂？」

是的，每一件事你都可以選擇，是欣賞好的部分？還是抱怨壞的部分？

你選擇記憶什麼，你就有什麼樣的過去；你選擇怎麼樣的心境，你就有怎麼樣的現在；你選擇什麼態度，就有怎麼樣的人生。

別忘了，那把鑰匙就握在你手裡。

我必須為一切負責

——把指向別人的手轉過來指向自己，你就從別人手中要回自己的力量。

人生是一連串的選擇，無論發生了什麼事，都是你的責任。

有人抱怨伴侶，但當你選擇了伴侶，代表你也選擇了對方的家人、親友、工作；選擇對方的生活習慣和怪癖。如果你覺得不滿，自己難道一點責任都沒有嗎？

有人厭惡工作，但是當我們選擇到哪家公司上班時，不也選擇了

那家公司的老闆、同事、公司制度與環境？當你在做這個選擇時，不也「精打細算」過嗎？

其實，我們並沒有自己想的那麼無辜。就算沒得到你想要的，也是自己「算錯了」，自己也脫不了責任。

如果有人讓你失望，那是你的選擇，誰叫你要去期望；如果有人欺騙你，那是你的選擇，誰叫你要去相信；甚至發生災難和意外，那很可能也是你的選擇。

就在幾天前我讀到一則故事。

有個人開車回家，車子行駛在高速公路上，緊跟在一部貨車的後頭。

貨車上堆滿了重物，不幸，車頂上固定貨物的繩子並沒有綁牢，東西瞬時落了下來。這場意外造成這個人雙腳斷掉，後半輩子將在輪椅上度過，他每天怨天尤人。後來這個人的老師來看他，希望他能從痛苦中解脫出來，於是問了他幾個問題。

老師說：「是誰選擇開車上路的？」

「是我。」

「是誰選擇在這個時間回家？」

「是我。」

「回家的路有那麼多條，是誰選擇走這條路？」

「是我。」

「高速公路上的車子這麼多，是誰選擇開在這部車的後面？是誰開車沒保持安全距離？」

年輕人低著頭，若有所思地回答說：「還是我。」

最後老師問他：「所以，你認為自己該不該負責任呢？」

無論發生了什麼事，你都有責任。一旦你有了這個認知，一旦你了解到：「我必須為一切負責。」突然間，你的焦點就會從外轉向內，你學會了向內求，你整個人生將變得不同，你將不會再把責任推到別人身上。

把指向別人的手轉過來指向自己，你就從別人手中要回自己的力量。

花朵依然綻放微笑

——如果你不在心田種花，就會有拔不完的草。

生活很像一堆雜草，總有解決不完的問題。有些人相信，越快把問題解決，就越早享樂。然而，事實上，當我們解決了這個問題，馬上又會有下一個問題等我們去面對；總會有另一堆雜草需要處理。

有人窮其一生試圖去拔所有的雜草，然而與此同時，他們已然錯過生命中許多美好時光。

休謨的弟子個個學富五車。

一天，這位先哲意識到自己將不久於人世，他對弟子們頗有些放心不下，於是就決定露天講授最後一堂課。

「你們看，田野裡長著些什麼？」休謨問。

「雜草。」弟子們異口同聲地回答道。

「告訴我，你們該怎麼除去這些雜草？」

眾弟子不禁有點愕然，心想：這問題也未免太簡單了。

大弟子首先開口道：「只要給我一把鋤頭就足夠了。」

二弟子馬上說：「還不如用火燒來得俐落。」

三弟子反駁說道：「要想斬草除根，只有深挖才行。」

……

等弟子們全都講完後，休謨微微一笑，站起來說：「這堂課就到此為止。你們回去後按照自己的方法去清除一片雜草，一年之後再在這裡相聚。」

一年轉眼間就過去了，當弟子們再次相聚時，他們都很苦惱，因為無論他們採取什麼方法，都沒有顯著的效果，有的雜草反而長得更多了。因此，眾弟子都等著向老師請教。

然而先哲已經與世長辭了，死後只留給弟子一本書。書中有這麼一段話：「你們的辦法是不能把雜草澈底清除乾淨的。要想除掉田野裡的雜草，最好的辦法就是在田野裡種上莊稼或花朵。是否想過，你們的心靈也是一片田野。」

你可能也生活在一片雜草堆中，或許是感情不美滿、工作不理想，

或許過得不如意。記住，要在心田種莊稼或花朵，而不是一直拔草。

不要去憂慮那些無法改變的事，你不能改變每個人的生活習慣；你無法讓事情跟你所想的一樣；你不能改變已經發生的事。但是，你可以專注在你能改變的事情上。

不要去解決不是你的問題：對方高不高興，他會不會生氣，他們對你有什麼看法，這些都不是你能決定的。但是，你可以決定不讓別人影響你的心情。

你不需要除掉所有的草——即使雜草叢生，花朵依然綻放美麗的微笑，不是嗎？

當下已經是完美的

——要享受生活，並不需要追求什麼，而是要放下那個追求。

在這個世界生活有兩種方式，一種是改善生活，另一種是享受生活。

我們大多數人都在改善生活，「事情這樣不對，那樣不好。」而終其一生我們都企圖改善周遭的人事物，但你能夠改變多少呢？

古儒吉大師說：那就像是要企圖重新安排天上的雲朵一般。這使你

無法快樂，無法打從內心發出微笑，無法愛人以及討人喜愛。它永遠像是根刺般存在於那裡，令人氣惱。

那些不幸福的人，也不是缺少什麼，而是太追求完美了。「如果我能瘦一點、漂亮一點、有錢一點；如果他能對我好一點，多愛我一點……那我一定幸福美滿多了。」但你想過嗎？如果我們對生活有那麼多不滿，又怎麼可能幸福美滿？不幸福美滿，又怎麼可能享受？

那就是為什麼印度有位偉大的老師，每當學生向他提到禪修、工作或關係中的不滿和抱怨，就會提醒學生這一點；他會非常親切地傾聽，然後微笑說：「希望你享受它。」

享受和改善是完全不同的態度。改善的人專注於欠缺和錯誤的事，他們總是抱怨；享受的人則專注在擁有和美好的事，他們懂得欣賞和感恩。說得更明白一點，享受生活的人，不需要改善；忙著改善生活的人，無法享受。

有學生問希臘哲學家愛比克特德，怎麼過好生活。

愛比克特德說：「不要企圖讓事情照你希望的那樣去發生，而要努力按事情發生的方式去希望，這樣你才能一帆風順。」

有學生問愛比克特德，怎麼成為智者？

他說：「不為自己沒有的東西悲傷，而為自己擁有的東西喜悅，這才是智者。」

這正是我想傳達的。在這個世上，我們永遠不會到達一個地方，在那裡一切都盡善盡美。完美不是你達到的一種狀態，它是一種你活在其中的意識。沒錯，當下已經是完美的。要享受生活，並不需要追求什

麼，而是要放下那個追求，那麼你現在就可以享受。

如果你擁有快樂，你還欠缺什麼？如果你沒有，你又能贏得什麼？

心念轉個彎，幸福就在眼前。

編號	書　名	內　　容	定價
030	開心，放開心	所有的結都是你自己綁上的。即使心有千千結，但是在心的深處，是沒有打結的。只要你願意放開你的心，突然，結就這麼解開了。	210
031	愛，不是你以為的那樣	你不是愛錯了，而是弄錯了；你們不是不合，而是最好的組合。那些因不合而分開的愛人都「誤解」了，愛，不是你以為的那樣。	190
032	你的幸福，我的祝福	人不是因幸福才被祝福，而是因為祝福所以幸福。你的幸福需要有人祝福，別忘了也將祝福給需要的人。	230
033	微笑，當生命陷落時	人類的痛苦，不僅僅起因於不幸災難，更由於錯誤的認知導致。喜樂來自了解，你越了解，你就越容易離苦得樂。沒錯，一旦明白所有發生在我們身上的事。	220
034	今天的你，開心嗎？	這本書裡的每個篇章和故事都包含各種面對問題的態度，有了好的態度，解決問題自然容易得多。你可以參考書本後面「接下來，該怎麼做？」剩下來的就看你自己了。	230
035	幽默一笑過生活	這本書中舉了大量的幽默事例、笑話，讓我們知道再糟糕的人，也有好笑的一面；再嚴重的事，也有趣味的一面；笑料是無所不在的。	220
036	為什麼聰明人會做糊塗事？	要知道自己是在做夢，就必須先醒來；要知道什麼是錯的，就必須先知道什麼是對的；要知道自己糊塗，就必須先聰明……	220
037	喜悅，順流而行	當你不再對抗生命之流，遲早那些事情都會自己安定下來，你不需要去安頓它們，你只要安頓你自己。一旦你處於和諧之中，整個生命都會處於和諧之中，這就是喜悅之道。	220
038	我微笑，所以我快樂	快樂也要面對，痛苦也要面對，為什麼不樂觀去面對？哭也是一天，笑也是一天，為什麼不微笑去面對每一天？	230
039	愛，其實我們都看反了	如果你的愛為你帶來的是不滿、是怨懟、是憤恨、是一再重複負面的模式，那就表示你的愛並不是愛，是你把愛看反了。	220
040	其實，我們都陷在執著的觀念上	我們總期待人生能順心如意，結果卻往往事與願違，為什麼？因為如果我們凡事都想順心，又怎麼可能事事如意？其實，我們都陷在執著的觀念上。	220

編號	書　名	內　　　容	定價
020	大而化之	44個觀點，教你大事化小，小事化無。生活中，造成情緒失控的原因，大多不是什麼天大的事，而是微不足道的芝麻小事。然而就像小小的吸血蝙蝠能把偌大的野馬置於死地一樣，問題在於你是否能大而化之。	240
021	幸福，早知道就好	表面上，你是在追求幸福，但其實是在尋找不幸。追求幸福最大的障礙，即是期望過大的幸福。遺憾的是，這道理人往往要到失去或太遲了，才懂！為什麼不現在就知道？	240
022	貼心	貼心，是一種心靈的靠近，一種真情的流露，一種溫柔的關懷，一種無私的包容。	240
023	微笑，生命的活泉	微笑的表情，可以感受生活中每一刻的豐足與喜悅；樂觀的心情，足以抵擋生命中每一次的挫折與打擊。打開書，展笑顏，你將趕走陰霾，為自己尋得生命的活泉。	220
024	心寬，寬心	萬物的本質都是善的，如果我們把慈悲和愛心放在良善的特質上，整個生命將立即改變，一旦你不再劃分，所有的對立消失，所有的衝突消失，那就是和諧的藝術。	240
025	豁然開朗	快樂不在於擁有什麼或達成什麼，快樂已經在那裡，你並不缺少什麼，只要換個想法，換個選擇，一切快樂就顯現給你。	220
026	四捨五入	空，是無，也是有。放下其實是另一種擁有。「四捨五入」是割捨的哲學，也是喜樂的哲學，寫給所有「放不下和捨不得」的朋友們。	240
027	懶，不費力的智慧	懶得去爭。懶得去想。懶得生氣。懶得抱怨。懶得記仇。懶得追求。懶得計較……你看，「懶」包含了多少美德和處事的智慧。懶有什麼不好？	199
028	命運發牌，機會出牌	你覺得自己命不好、運不佳，或是正陷入厄運當中嗎？相信我，那不是什麼厄運，而是你要轉運了。	240
029	一笑天下無難事	試試我給你的這個祕訣：先快樂，然後看看會發生什麼。不要再等待快樂的事發生，不要再期待所有的問題都解決了，你已經等得夠久了。快展露微笑吧！	220

何權峰作品集

編號	書　名	內　　　容	定價
001	展現最好的你	「路，是無限的寬廣；人，則充滿了無限的可能。」所以，無論自己的未來藍圖為何，相信自己，只要堅定地朝目標持續邁進，夢想就在不遠處等著你。	220
002	回歸自然心靈	清心可以開朗、寡慾可以無憂、單純可以喜樂、知足自然富足。讓我們一起以人為本，以自然為師，淨化心靈、放下物慾、簡化生活、回歸真我、返歸自然，進而達到知性的真，理性的善，感性的美。	200
003	心念的種籽	在《心念的種籽》中，作者跳脫一般的說教，以說故事的方式帶領人心，更能讓讀者從本書中獲得智慧與啟示。	200
004	生活就像馬拉松	馬拉松賽者最怕遇見「撞牆期」，選擇面對的方式是：調整呼吸慢慢跑， 或乾脆停下來用走的，等突破了瓶頸後，再重新開跑。	200
005	笑哈哈過苦日子	日子就像芥菜入口的滋味，有淡淡的苦味，如果拌上好的調味料，就會是一道美味的菜肴。這樣的日子雖然清淡，但如果不忘每天一笑，不僅可以延年益壽，還可以返老還童哩！ 來！笑一個吧！	199
006	就靠這一次，人生急轉彎	從生命降臨人間的那一刻起，我們就到達了人生的起點，順著自己的目標往前走，遇到岔路時請記得向右轉，就可以找到一帖讓人生豐富和滿足的處方簽。	179
007	每10秒鐘一個幸福	這是一本似非而是的書，其中充滿了許多大師的妙論，平易中顯哲理，談笑中見智慧。每一篇章正猶如禪宗裡的一首偈，讓人茅塞頓開，有著撥雲見日的領悟。	192
008	有這麼嚴重嗎？	這本書不是要大家膚淺地記一堆笑話，也不是不負責地要大家一味地往好處想，而是希望在笑談中讓你得到了悟，在了悟的過程中得到歡樂，因此在文章裡面作者加入許多幽默笑話及妙語，讓你讀起來更有味道。	180
009	人生幸福，每一項都在拼圖	將近一百個生活哲學、簡單的小故事中，說出人生的大道理，讓你的生活注入活泉，永遠不會乾涸。	200
010	別扣錯第一顆釦子	不了解問題的根本，就解決不了問題；不看清事物的本質，就得不到真相；一個扣錯了第一顆釦子的人，就扣不完所有的釦子。	160

編號	書　名	內　　容	定價
011	為什麼事情總是一團糟	套句何醫師的話：「用爛泥蓋房子，到頭來還是一堆爛泥。」是的，方法錯了，你越努力結果就只會越糟而已。	180
012	忘了總比記得好	假如你把過去緊抓不放，你當然會一再去經歷它，你的未來不會是別的，一定是累積了許多灰塵的過去，它注定是這樣的，這些塵埃不但會遮蓋你生命的光彩，也將阻礙你看見未來。	180
013	幸與不幸都是福	説幸福是好的，是有福的，這點大家都可以理解，但是説不幸也是福，這就奇怪了，不幸怎麼會是福呢？沒錯，不幸也是福，而且它還是比幸福更大的祝福，只是不幸的人總是「身在福中不知福」。	185
014	別讓每陣風吹著走	做自己的主人，不要盲目地跟隨潮流，被牽著鼻子走。一個有個人風格的人，才是真正具有品味的人。別讓每陣風吹著你走。	185
015	愛，錯在哪裡？	愛一再出錯，錯在哪裡？錯在人們一直沒有搞懂，愛是給，而不是得；愛不是出於需求，而是分享；不是出於匱乏，而是出於豐富。	199
016	所以你也要發正念	文字是紙上的語言，思想是無聲的語言，語言則是有聲的思想。這即是為什麼作者一再強調大家要多説好話、要有好的念頭。特別是念頭要良善、要正面，我們將遇到什麼樣的人或是什麼樣的事都在一念之間。	200
017	當下，把心放下	把心放下吧！當你人在那裡就別再掛著這裡，否則你怎麼可能真正的放鬆心情呢？快樂是來自心裡，你到了哪裡就該把心全然地投入那裡，這樣才可能快樂，不是嗎？	240
018	心田甘露	本書更透過一則則的寓言故事，提供了如何在工作、家庭、人際關係、自我成長等方面，尋求安心所在的方法，讓人有跡可循地回歸最初的清靈本心。	240
019	都是你的錯	這是你的選擇，不要去怪別人，無論你出了什麼問題，你只能怪自己。是的，錯的永遠是你。	240